いちどで覚える
ICHI OBO
フライパンレシピ

フライパンはとびぬけて優れた、
魅力的な調理道具。
何でも作れます。
そして、使うときに気持ちが楽なんです。
ちょっとラクチンだと感じること、
とても大切だと思います。

この本は、フライパンだけで作れるレシピ集です。
いちど作れば覚えられるレシピばかり。
レシピを覚えてしまうことは、
最速のスピードクッキングなのです。

旬の食材を大切にした"いちおぼ"レシピ。
慌ただしく暮らしていても、
ちゃんと料理して、おいしく食べたい
あなたに贈ります。

クッキングコーディネーター　浜 このみ

CONTENTS

Spring Recipe

春ワカメのキッシュ	6
Arrange recipe ひとくちキッシュ	
春野菜肉ジャガ	8
Arrange recipe 春野菜カレー	
豚肉の酒蒸し	9
Plus recipe 春キャベツの浅漬け	
アスパラのスティック春巻き	10
山菜の肉巻き天ぷら	10
Plus recipe このみ流天ぷら衣	
菜の花と豆腐の卵とじ	11
ニラせんべい	11
山賊焼き	12
さっぱり鶏唐	13
Arrange recipe ドレッシング鶏唐	
揚げない酢豚	14
揚げない肉団子	15
Plus recipe このみ流甘酢あん	
ロール春キャベツ	16
Plus recipe コールスローマリネ	
信州みその回鍋肉	17
Plus recipe このみ流中華調味料	
豚肉のピカタ	18
焼き豚肉のみぞれスープ	18
コンビーフとジャガイモのチーズ焼き	19
ジャガイモとベーコンの柚子しょうゆ炒め	19
鯛ご飯	20
Plus recipe 鯛のレモンバターソース	
シラス餃子	22
ホタルイカのガーリック焼き	23
Plus recipe ホタルイカの春パスタ	
新玉ねぎのハヤシライス	24
ワカメの恵方巻	25
ふきのとうとジャガイモのマヨネーズ炒め	26
ふきのとうチャーハン	27

Summer Recipe

夏野菜たっぷりドライカレー	30
Arrange recipe 餃子の皮のお手軽ラザニア	
ドライカレーのポテトチーズ焼き	
焼き野菜のトマトカレー	32
夏野菜入りカレーつけめん	33
カラフル青椒肉絲	34
Plus recipe ピーマンのお浸し＆佃煮	
とうもろこしとウインナーの炊き込みご飯	36
Plus recipe すりおろしコーンスープ	
とうもろこしのパンケーキ	
夏野菜の揚げ浸し	38
蒸しナスのサラダ風マリネ	38
レタスのお好み焼き	39
エスニック鍋	39
塩丸イカときゅうりの炒めもの	40
Plus recipe 塩丸イカの塩抜き方法	
キャベツと塩丸イカのエスニックサラダ	
魚介のカレーパエリア	42
イワシと野菜の中華蒸し	43
蒸しメカジキのトマトソースがけ	44
アジソテーのイタリアンやたらソースがけ	45
セロリ餃子	46
バジル餃子	46
なめ茸とトマトのピザ	47
レタスのカリカリシラスがけ	47
和風カルボナーラ	48
Plus recipe このみ流カルボ液	
和風だしのタンタンそば	50
トマトとバジルのあっさりスパゲティ	51
トマト味のイカ飯	52
Plus recipe イカワタのみそホイル焼き	
鶏肉と野菜のトマト煮込み	53

| 梅ペペロンチーノ ………………………………… 54 |
| 七夕そばサラダ …………………………………… 54 |
| そうめんチャンプルー …………………………… 55 |
| キムチと水菜と油揚げのスープ ………………… 55 |

Autumn Recipe

| 山の幸ちらしずし ………………………………… 58 |
| Plus recipe　えのきたけと明太子のスープ |
| イタリアンサンマ丼 ……………………………… 60 |
| Plus recipe　サンマときのこのイタリアンソテー |
| きのことエビのライスグラタン ………………… 62 |
| Plus recipe　このみ流ホワイトソース |
| きのこのまぜご飯 ………………………………… 64 |
| なめ茸とトマトジュースのリゾット …………… 65 |
| Plus recipe　トマトとバジルのリゾット |
| きのことタラコのスパゲティ …………………… 66 |
| ナスとジャガイモのナポリタン ………………… 67 |
| きのことひたし豆のブルスケッタアヒージョ風 … 68 |
| Plus recipe　ひたし豆の作り方 |
| えのきたっぷりミニハンバーグ ………………… 70 |
| えのきポテトせんべい …………………………… 72 |
| 和風しいたけバーガー …………………………… 73 |
| Arrange recipe　肉詰めピーマンナスの煮物 |
| なめ茸ハンバーグ ………………………………… 74 |
| なめ茸ハンバーグのおいなりさん ……………… 75 |
| なめ茸と鮭のクリーム煮 ………………………… 76 |
| なめ茸のマーボナス豆腐 ………………………… 76 |
| ヘルシー中華炒め ………………………………… 77 |
| インゲンとナスの焼きびたし …………………… 77 |
| 野沢菜漬けのポークソテー ……………………… 78 |
| 肉巻きおにぎり …………………………………… 79 |
| 豚肉のりんごロール ……………………………… 80 |
| りんごの肉団子 …………………………………… 81 |

Winter Recipe

| ローストビーフ …………………………………… 84 |
| Arrange recipe　洋風牛丼 |
| 　　　　　　　　ビーフサンドイッチ |
| トマトのビーフシチュー ………………………… 86 |
| 甘酒タンドリーチキン …………………………… 87 |
| マーマレードポークソテー ……………………… 88 |
| 豚バラ肉と大根の塩麹スープ …………………… 89 |
| 手作り鮭フレーク ………………………………… 90 |
| Arrange recipe　鮭のポケットサンド |
| 　　　　　　　　鮭パスタ |
| 　　　　　　　　鮭と大根のサラダ |
| 　　　　　　　　鮭チャーハン |
| 野菜の粒々煮込み ………………………………… 92 |
| Arrange recipe　トマト味のドリア |
| 　　　　　　　　具だくさんの卵焼き |
| 　　　　　　　　粒々春巻き |
| カキのオイル漬け 2種 …………………………… 94 |
| Arrange recipe　きのことカキのおつまみ |
| 　　　　　　　　カキのペペロンチーノ |
| ブリの照り焼き丼 ………………………………… 96 |
| 揚げない酢ブリ …………………………………… 96 |
| マダラと野菜のチーズ焼き ……………………… 97 |
| 明太子とジャガイモのグラタン ………………… 97 |
| 白菜の日本酒鍋 …………………………………… 98 |
| りんごと長芋のミートローフ …………………… 99 |
| コロコロ根菜みそポトフ ………………………… 100 |
| Arrange recipe　ブリのコロコロポトフ トマト味 |
| 里芋のクリームシチュー ………………………… 101 |
| 野菜のごった煮 …………………………………… 102 |
| レンコンとピーマンのさっぱり炒め …………… 103 |
| 餅とウインナーのロールキャベツ ……………… 104 |
| 餅と長芋のデコボコピザ ………………………… 105 |

Spring Dessert ················28・29

- イチゴのバルサミコ酢がけ
- イチゴミルクの寒天デザート
- イチゴ大福
- イチゴのマシュマロムース

Summer Dessert ············56・57

- ミントのゼリー
- 梅酒のゼリー
- 桃のマリネ
- パンプキンプリン

Autumn Dessert ············82・83

- メープルシロップの焼きりんご
- フルーツトリオのワイン煮
- 梨のコンポート
- りんごとサツマイモのワイン煮

Winter Dessert ············106・107

- 干し柿のスイートポテト
- 干し柿のチーズ巻き
- 干し柿のミニパイデザート
- 和風そば寒天デザート
- 豆腐とごまの寒天寄せ

索　引 ················108～110

あとがき

この本の使い方

実際に手をかける調理時間と、
煮る・炊くなどにかかる時間の目安

エネルギー345kcal / 塩分2.6g

このレシピ1人分のエネルギーと
塩分摂取量

材料

おこのみのトッピング以外の
材料写真を掲載。
必要な材料と冷蔵庫の中身を
一目で比べることができます。

春レシピで 旬の春キャベツ、
新玉ねぎ、新ジャガイモとしました
が、手に入るもので。

野菜1個の大きさは、
玉ねぎ（中）とトマト（中）が200g、
ジャガイモ（中）は150gが
目安です。

トマトをすりおろすレシピが
多くあります。代わりにトマト缶
（ホールorカット）でもOK。
マッシャーなどで潰して使います。

材料a,b,c

合わせ調味料やソース、
下味などの材料をまとめ
ました。事前によく混ぜ
合わせておきましょう。

春ワカメのキッシュ

エネルギー209kcal/塩分0.9g

旬の生ワカメをシンプルに
意外なおいしさがクセになる

Cooking Time 10分+焼く20分

材料／8人分（直径20センチの🍳1枚分）

パイ生地（市販）……2枚

a/ 具1
- 生ワカメ…………70g
- にんにく…………1片
- ベーコン薄切り・2〜3枚
- えのきたけ………1/4株
- 塩、こしょう……適量

b/ 具2
- 卵………………1個
- 生クリーム……100ml
- ピザ用チーズ……40g

バター……………10g
ピザ用チーズ……40g

下準備
- 生ワカメは粗みじん切り
- にんにくはみじん切り
- ベーコン、えのきたけは1cm長

作り方

1. 🍳にバターを入れ、**a**を炒める。
2. ボウルに**1**と**b**を入れて混ぜ合わせる。
3. パイ生地は2枚重ねてめん棒でのばし🍳にそれを敷き詰めて**2**を入れ、チーズをまんべんなく広げる。
4. 🍳にふたをして、弱火で20分焼く。火を止めて余熱で20分温める。

Arrange Recipe

ひとくちキッシュ
もっと手軽に餃子の皮で

作り方／10個分

アルミカップ10個にそれぞれ餃子の皮とキッシュの具、チーズを入れて、オーブントースターで5分。

Spring Recipe 1

冷めたキッシュは切り分けてからオーブントースターで温めると、パイがサクサクして、さらにおいしく！

Spring Recipe 2

Cooking Time 15分

春野菜肉ジャガ

エネルギー345kcal／塩分2.6g

新生活を応援するスピード肉ジャガ

材料／4人分
- 新ジャガイモ……250g
- 新玉ねぎ…………250g
- 春キャベツ………250g
- 豚肉薄切り………250g
- 塩、こしょう……適量
- ごま油……………大さじ1

a／合わせ調味料
- 酒……………大さじ3
- みりん………大さじ2
- みそ…………大さじ1
- ミニトマト……8個

下準備
- ジャガイモは皮のまま5mm厚の短冊切り
- 玉ねぎとキャベツは半分にして1cm厚のざく切り

作り方
1. 塩、こしょうした豚肉をごま油を入れた  で炒める。
2. ジャガイモ、玉ねぎ、キャベツを1に入れてさらに炒める。
3. aを2に入れ、ふたをして7分煮る。
4. ミニトマトを加えてひと混ぜする。

Arrange Recipe

春野菜カレー

次の日の変身メニュー

作り方

余った春野菜肉ジャガに市販のカレールウを加えるだけ。具だくさんのカレーができます。

みそとだし代わりのトマトの相性は抜群 ジャガイモを薄く切って煮込む時間を短縮

Spring Recipe 3

ぽん酢しょうゆ、ごまだれなどおこのみで

Cooking Time
5分+5分 蒸す

キャベツは白菜でも。エリンギ以外のきのこでもおいしい

Plus Recipe

春キャベツの浅漬け

すぐに食べられるサラダ感覚の漬物を

作り方

1/4個の春キャベツは一口大、にんじん30gは千切り、きゅうり1本は輪切りにし白だし大さじ2、酢と塩昆布は各大さじ1、塩小さじ1/2をすべてボウルに入れ、軽く混ぜ合わせる。

豚肉の酒蒸し

エネルギー230kcal/塩分0.8g

肉の旨みがしみこんだ春野菜がたっぷり

材料/4人分

豚肉薄切りしゃぶしゃぶ用	300g
塩、こしょう	適量
もやし	1袋
ニラ	1束
春キャベツ	1/4個
小カブ	1個
エリンギ	100g
酒	大さじ3

下準備

● ニラ、エリンギは5cm長
● キャベツは一口大
● 小カブは半分にしてくし切り

作り方

1. 🍳 に もやし、キャベツを並べ、その上に塩、こしょうをした豚肉を敷き詰める。

2. 1のまわりに小カブ、エリンギを並べ、中心にニラを散らす。

3. 酒をふりかけ、ふたをして5分蒸し焼きする。

Cooking Time 10分

マヨネーズ、ケチャップ、粒マスタードを合わせて

Spring Recipe 4

Cooking Time 10分

くし形に切ったレモンを添えて

Spring Recipe 5

アスパラのスティック春巻き

エネルギー240kcal/塩分1.0g

顔を出す緑の穂先が魅力的

材料／4人分

アスパラガス………10本
ウインナー（長めのもの）
　………………………10本
ミニ春巻きの皮……1袋

揚げ油…………適量
小麦粉を水で溶いたのり
………………………適量

下準備
● アスパラガスは下部の皮をむく
● ウインナーは縦半分に切る

作り方

1. 春巻きの皮をひし形に置き、巻き終わりの広い範囲にのりを付ける。
2. 1にアスパラガス1本と切ったウインナー2本を並べて巻く。
3. に多めの油を入れて2を揚げる。

山菜の肉巻き天ぷら

エネルギー336kcal/塩分0.9g

山菜を肉で巻いて揚げるだけ

材料／4人分

豚肉しょうが焼き用‥8枚
塩、こしょう………適量
山菜（タラの芽、コシアブラ、
行者にんにくなど）…適量
揚げ油………適量

a/天ぷらの衣
小麦粉………1/2カップ
水……………1/2カップ
マヨネーズ……大さじ1

数種類の山菜を一緒に巻くとおいしい！

作り方

1. 山菜を塩、こしょうした肉で巻く。
2. ボウルにマヨネーズ、水を入れて混ぜ、小麦粉を加えて軽く混ぜる。
3. 2の中に1をくぐらせて🍳に入れた多めの油を180度に熱して揚げる。

Plus Recipe

このみ流 天ぷら衣

水＋卵1個を1カップと小麦粉1カップが天ぷら衣の基本ですが、卵の代わりにマヨネーズを使うとからっと揚げられるだけでなく衣にマヨネーズの味がほのかにつきます。混ぜ過ぎないよう粉気が残る程度に。

Spring Recipe 6

Spring Recipe 7

菜の花と豆腐の卵とじ

エネルギー142kcal/塩分0.6g

鮮やかな黄色と緑に春を感じる

材料／4人分

菜の花（ニラ、スナップエンドウなどでも）……1束
木綿豆腐…………1丁
卵……………2個
めんつゆ（市販）…大さじ2
油…………大さじ1

下準備
- 菜の花は茎の硬い部分を落として半分に切る
- 豆腐は自然に水切りして2cm角

作り方

を振ってワイルドに炒めよう

1. に油を熱して豆腐を入れ、を動かしながら全体がきつね色になるまで焼く。

2. 1に菜の花を生のまま入れて炒める。

3. めんつゆで味付けした溶き卵の半量を回し入れ、ふたをして弱火で3分したら、残りの卵を入れて後は余熱で火を通す。

ニラせんべい

エネルギー151kcal/塩分0.4g

みそ漬けが味の決め手

材料/4人分

ニラ……………1束
小麦粉………2カップ
卵……………1個
牛乳………1/2カップ
みそ漬け………大さじ3
油…………大さじ2

下準備
- ニラは2cm長
- みそ漬けはみじん切り

作り方

1. 材料をすべて混ぜ合わせる。

2. に1を大さじ2ずつ円盤型に広げ、両面をこんがり焼く。

味付けは、みそ、チーズ、砂糖などおこのみで。

Spring Recipe 8

くし形レモンはおこのみで

キャベツを敷くのが地元流

Cooking Time 10分

山賊焼き

エネルギー447kcal／塩分1.9g

にんにく味の唐揚げが、中信地方の郷土料理

材料／4人分

鶏もも肉…………2枚

a/合わせ調味料

しょうゆ…………大さじ2
酒…………………大さじ1
塩、こしょう……適量
にんにく…………2片以上

片栗粉……………100g以上
揚げ油……………適量

 にんにくはすりおろす

ポリ袋に肉と調味料を入れてもみ込んだら、すぐに片栗粉をつけ、時間をおかずにすぐに揚げるのがコツ

作り方

揚げ過ぎず余熱で火が通るくらいがちょうどいい

1. 鶏もも肉の厚い部分を観音開きにし厚さを均等にする。

2. ポリ袋に1とaを入れて、よくもみ込み片栗粉をたっぷり付ける。

3. に多めの油を入れて180度まで熱し、2の皮を下にして2分、ひっくり返して2分揚げる。油を切りながら2分間、予熱で火を通す。

Spring Recipe 9

15分

さっぱり鶏唐

エネルギー384kcal/塩分1.6g

酢の威力で鶏肉が びっくりするほどやわらかく

材料／4人分

鶏もも肉	2枚
塩、こしょう	適量
酢	大さじ6
片栗粉	適量
揚げ油	適量

下準備 ● 鶏肉は一口大

作り方

1. ポリ袋に塩、こしょうをした鶏肉と酢を入れて、よくもんで10分置く。

2. 1の肉に片栗粉をまぶし、鍋に多めの油を入れ、180度で3分揚げる。

Arrange Recipe

ドレッシング鶏唐

冷蔵庫に残りがちなドレッシングを下味に

作り方

ポリ袋に塩、こしょうした鶏ささ身肉300gと好みのドレッシング大さじ2を入れ、よくもんで10分置く。片栗粉をまぶして、多めの油180度で3分揚げる。

おすすめは、わさび味、イタリアン、ごまテイストなどの ちょっとクセのあるドレッシング。ほのかな風味付けに便利!

Spring Recipe 10

Cooking Time 15分

揚げない酢豚

エネルギー387kcal/塩分2.7g

薄切り肉を炒めるだけで本格酢豚

材料／4人分

豚肉しょうが焼き用……300g
しょうゆ……………大さじ1
砂糖………………大さじ1
片栗粉………………適量
ごま油………………大さじ2

たけのこ水煮………… 300g
（アク抜きしたたけのこでも）
にんじん……………… 1本
新玉ねぎ（中）……… 1個
生しいたけ…………… 4個
ピーマン……………… 2個

a/甘酢あん

しょうゆ、酢、砂糖
　　　………………各大さじ3
水……………………大さじ9
片栗粉………………大さじ1

下準備

● 豚肉とピーマンは一口大
● たけのこは乱切り
● 玉ねぎは8等分
● しいたけは4等分
● にんじんは乱切りしてゆでる

作り方

1. しょうゆと砂糖で下味を付けた一口大の豚肉に片栗粉をまぶす。

2. 🍳にごま油大さじ1を入れて1をこんがり焼く。

3. 2を取り出した🍳に残りのごま油を入れ、たけのこ、にんじん、玉ねぎ、生しいたけを炒め、aと2、ピーマンを入れて全体を絡める。

Plus Recipe

このみ流 甘酢あん

しょうゆ、砂糖、酢が同量、これらの合計と同量の水が基本。とろみを付けるなら、水大さじ3に対して、片栗粉小さじ1の割合で。

Spring Recipe 11

糸唐辛子を散らして

Cooking Time 15分

揚げない肉団子

エネルギー273kcal/塩分2.2g

隠し技は電子レンジ！ヘルシー肉団子

材料／4人分

a/肉団子

豚ひき肉	300g
長ねぎ	1/2本
卵	1個
塩	小さじ1/2
片栗粉	大さじ1
こしょう	適量
ごま油	大さじ1
新玉ねぎ（中）	1/2個
ピーマン	2個

b/甘酢あん

しょうゆ、砂糖、酢	各大さじ2
水	大さじ6
片栗粉	小さじ2

下準備

- 長ねぎはみじん切り
- 玉ねぎとピーマンは一口大

作り方

1. **a**をよく混ぜ合わせ、直径3cmを目安に16個丸める。

2. **1**を皿に並べ、レンジ（500W）で加熱する。8個で5分。

3. 🍳にごま油を入れ、**2**をこんがりと焼いたら、玉ねぎとピーマンを加えてさっと炒める。

4. **3**に**b**を入れて、一煮立ちしてとろみがついたら全体を絡める。

15

Spring Recipe 12

Cooking Time 10分+煮る30分

ロール春キャベツ

エネルギー140kcal／塩分1.0g

野菜とベーコンの旨みが満足のいく食べごたえ

材料／4人分

春キャベツの葉（大）	8枚
アスパラガス	4～6本
にんじん	1本
ベーコン薄切り	8枚
水	3カップ
固形スープの素	2個
ミニトマト	8個

下準備

- キャベツはさっとゆで、葉元部分をそぎ切り
- アスパラガスは穂先を切り、下部の皮をむいて5cm長を16個
- にんじんは5cm×1cm角の拍子木切りを16個

作り方

1. ベーコン1枚でアスパラガスとにんじんを2個ずつ巻き、さらにキャベツで巻いてつまようじで留める。
2. 1をに並べ、水、固形スープ、にんじんの切れ端を入れて、30分煮込む。
3. 仕上げにミニトマトとアスパラガスの穂先を入れて一煮立ちする。

Plus Recipe

コールスローマリネ

重宝する定番サラダ

作り方

にんじん1/3本の千切り、玉ねぎ1/2個の薄切りをボウルに入れ、塩小さじ1を振り込んでもんだら、マヨネーズ小さじ1と練りがらし小さじ1/2を入れて、軸を取って千切りにしたキャベツ1/2個分も合わせてよく混ぜる。そこに、砂糖大さじ1/2、酢大さじ1と1/2、油大さじ3の合わせ調味料を入れ、よく混ぜる。

Spring Recipe 13

Cooking Time 10分

信州みその回鍋肉（ホイコーロー）

エネルギー301kcal/塩分2.6g

春キャベツのシャキシャキ感

材料／4人分

豚バラ肉の薄切り…200g
春キャベツ………1/4個
ピーマン……………2個
ごま油……………大さじ2
塩…………………適量
にんにく……………1片
しょうが…………1かけ

a/合わせ調味料

信州みそ、砂糖、しょうゆ、酒、オイスターソース
……………各大さじ1

ラー油……………適量

下準備
● 豚肉は5cm長
● キャベツは芯を取って一口大
● ピーマンは半分に切って4等分
● にんにくとしょうがはみじん切り

作り方

1. 肉は酒(分量外)を入れた熱湯でさっとゆでて油抜きする。
2. 🍳にごま油大さじ1を入れ、キャベツとピーマンをさっと炒めて塩を振り入れた後、器に取り出す。
3. 🍳に残りのごま油、にんにく、しょうがを入れ、1を押し付けるように炒めて、aを加えてさらに炒める。
4. 2を3に入れて混ぜ合わせ、器に盛ってラー油を掛ける。

Plus Recipe　このみ流 中華調味料

中華調味料の甜麺醤(てんめんじゃん)は信州みそと砂糖、豆板醤(とうばんじゃん)はラー油で代用できます。

Spring Recipe 14

Spring Recipe 15

豚肉のピカタ

エネルギー299kcal/塩分1.1g

冷めてもおいしく、お弁当に最適

材料／4人分

豚肉しょうが焼き用‥‥300g
塩、こしょう‥‥‥‥‥適量
小麦粉‥‥‥‥‥‥‥‥適量

a/卵液
卵‥‥‥‥‥‥‥‥‥‥2個
粉チーズ‥‥‥‥‥大さじ2
紅しょうが‥‥‥‥大さじ2

油‥‥‥‥‥‥‥‥大さじ1

紅しょうががポイント

下準備 ● 豚肉は半分に切る

付け合わせにはズッキーニ等の野菜のピカタがおすすめ

作り方

1. 塩、こしょうした豚肉に小麦粉をまぶし、粉チーズと紅しょうがを混ぜた卵液にくぐらせる。
2. 🍳に油を熱して1を入れ、両面きつね色になるまで焼いたら弱火にしてふたをし、中まで火を通す。

焼き豚肉のみぞれスープ

エネルギー238kcal/塩分1.4g

さっぱりした和風スープ仕立て

材料／4人分

豚バラ肉の薄切りor
　切り落とし‥‥‥‥200g
新玉ねぎ(中)‥‥‥‥1/2個
アスパラガス‥‥‥‥‥2本
塩、こしょう‥‥‥‥‥適量
油‥‥‥‥‥‥‥‥大さじ1

a/和風スープ
だし汁(削り節と昆布)
　‥‥‥‥‥‥‥‥‥2カップ
塩、しょうゆ‥各小さじ1/2

大根おろし‥‥‥‥‥適量

下準備
●豚肉は食べやすい大きさに
●玉ねぎは薄切り
●アスパラガスは斜め薄切り

作り方

1. 🍳に油を入れ、豚肉と玉ねぎを炒めて火が通ったら、アスパラガスを炒めて、塩、こしょうで味を調える。
2. 1を器に盛り、そこに温めたaを張って、大根おろしをのせる。

おもてなしの一品にも…

Spring Recipe 16

Spring Recipe 17

コンビーフとジャガイモのチーズ焼き

エネルギー214kcal／塩分1.7g

ジャガイモはレンジで加熱

材料／4人分

コンビーフ…………1缶
新玉ねぎ(中)………1個
にんにく……………1片
油……………………大さじ1

新ジャガイモ(中)…2個
塩、黒こしょう……適量
粉チーズ……………適量

下準備
- 玉ねぎ、にんにくは薄切り
- ジャガイモは皮のまま薄切り

作り方

1. 薄切りにしたジャガイモをレンジ(500W)で8分加熱する。

   グラタン皿に1人分でも、豪華に大皿に盛っても！

2. に油とにんにく、玉ねぎを入れ、玉ねぎがしんなりしたらコンビーフを加え、コンビーフがパラパラになるまで炒める。

3. **2**の上に**1**をきれいに並べ、塩、黒こしょう粉チーズをふりかける。

4. にふたをして、全体が温まるまで加熱する。

ジャガイモとベーコンの柚子しょうゆ炒め

エネルギー151kcal／塩分1.5g

柚子の香りがさわやか

材料／4人分

新ジャガイモ(中)…3個
ベーコン薄切り……4枚
油……………………小さじ1
しょうゆ……………大さじ2
柚子果汁……………大さじ1
粗びき黒こしょう…適量

水菜…………………1/2袋

下準備
- ジャガイモは千切り
- ベーコンは細切り
- 水菜は2cm長

水にさらしたジャガイモのシャキシャキ感がたまらない！

作り方

1. 水を換えながら、ジャガイモを水にさらす。

2. に油を入れてベーコンを炒め、よく水気を切ったジャガイモを加えて透き通るまで炒める。

3. しょうゆと柚子果汁で味を付け粗びき黒こしょうをふりかける。

4. 水菜を敷いて**3**を盛り付ける。

Spring recipe 18

イクラと木の芽を散らして

鯛ご飯

エネルギー348kcal／塩分1.9g

刺身用の鯛で本格的な味を！

材料／4人分

刺身用鯛……………200g
塩、こしょう…………適量
酒………………………適量

米…………………… 2合
水…………………… 2カップ
薄口しょうゆ……… 大さじ2
塩昆布……………… 15g
きざみ油揚げ………… 15g

下準備

- 鯛は塩、こしょうして酒をふりかける
- 米は洗ってザルにあげる

作り方

お刺身なので骨を取らなくていい！

1. ◯に米、水、しょうゆを入れ、塩昆布、油揚げ、鯛の切り身を米の上にのせて、ふたをする。

2. 1を沸騰するまで強火、その後中火以下にして15分炊く。

3. 鯛をほぐし、全体を混ぜ合わせる。

Plus Recipe

鯛のレモンバターソース

さわやかなレモンソースで

作り方／4人分

刺身用鯛200gを4等分し、オリーブ油を入れた◯で 焦げ色が付くまで焼いたら、器に取って 白ワイン大さじ2をかけて電子レンジ(500W)で30秒加熱。 同じ◯で、バター20gとレモン汁大さじ2を合わせて一煮立ちさせたレモンソースと、薄口しょうゆ小さじ4を鯛にかけて、召し上がれ。

Spring Recipe 19

酢、しょうゆ、ラー油などはおこのみで

20分

シラス餃子

エネルギー187kcal/塩分1.3g

サラダ感覚でさっぱりと

材料／4人分

- シラス……………………50g
- 春キャベツ………………100g
- 塩……………………小さじ1/2
- ニラ……………………1/2束
- ごま油…………………大さじ1
- 餃子の皮（市販）…………1袋

- ごま油…………………大さじ1
- 水………………………70ml

- しょうゆ、酢、ラー油……適量

下準備
- キャベツは粗みじん切り
- ニラは1cm長

余った餃子の具はチャーハンにして

作り方

1. 塩をしてしんなりしたキャベツの水気を絞ってボウルに入れる。

2. **1**にニラ、シラスを加え、ごま油を入れて全体をよく混ぜる。

3. **2**を餃子の皮で包む。

4. 🍳にごま油を入れて**3**を並べ、いい焦げ色がついたら水を加えてふたをし、水分がなくなるまで蒸し焼きにする。

Spring Recipe 20

Cooking Time 10分

ホタルイカのガーリック焼き

エネルギー316kcal/塩分0.7g

生で食べるだけじゃつまらない

材料／4人分

ホタルイカ……………100g
フランスパン…………1/2本

a/ガーリックオイル
オリーブ油…………1/2カップ
にんにく………………1片
ローリエ………………3枚

下準備
- フランスパンは1cm厚の斜め切り
- にんにくはみじん切り

作り方

1. ホタルイカを酒(分量外)を少し入れた熱湯でさっとゆで、ざるにあげる。目を取る。

2. 鍋にaを入れ、弱火で炒めてにんにくの香りを出す。

3. フランスパンに1をのせ、2をにんにくごとかけて、オーブントースターでこんがりと焼く。

Plus Recipe

ホタルイカの春パスタ
春の香りも召し上がれ

作り方／4人分

スパゲティ400gを、菜花やアスパラガスなどの春野菜100gと一緒にゆでたら、下処理したホタルイカ200g、ガーリックオイル大さじ3と一緒にあえる。

Spring Recipe 21

パセリやナッツはおこのみで

20分

新玉ねぎのハヤシライス

エネルギー386kcal/塩分3.4g

日本発祥の西洋料理

材料／4人分

牛肉薄切り……………250g
塩、こしょう……………適量
小麦粉…………………大さじ1
にんにく…………………1片
油………………………大さじ1

新玉ねぎ(中)……………2個
ぶなしめじ……………100g
バター…………………10g
油………………………大さじ1
小麦粉…………………大さじ1

a/煮込みの調味料

トマト(大)………………1個
水………………………2カップ
固形スープの素…………2個
トマトケチャップ………大さじ3
赤ワイン…………………大さじ2
ソース……………………大さじ1
塩………………………小さじ1
こしょう…………………適量

ご飯……………………適量

下準備
- 牛肉は塩、こしょうして小麦粉をまぶす
- にんにくと玉ねぎは薄切り

作り方

1. 🍳に油を入れ、牛肉とにんにくを炒めて取り出す。

2. 1の🍳にバターと油を入れ、玉ねぎとぶなしめじを炒めて、玉ねぎがしんなりしたら小麦粉を振り入れる。

3. 2にトマト以外のaを入れ、1を戻し、トマトをすりおろしながら入れたら、全体にとろみが付くまで煮込む。

Spring Recipe 22

ワカメの恵方巻

エネルギー263kcal／塩分2.9g

片手で巻ける簡単のり巻

> ワカメ炒めはおつまみやおかずにもなる優れもの

材料／4人分

- すし飯……………………1合
- 焼きのり…………………2枚
- マグロ……………………80g
- しょうゆ………………大さじ1
- ワサビ………………小さじ1〜2

- 生ワカメ…………………100g
- ごま油…………………大さじ1
- しょうゆ………………大さじ1
- 白ごま…………………大さじ1

- 長芋………………………60g
- たくあん…………………40g
- カニ風味かまぼこ………8本
- ピーナッツ………………適量

下準備

- のりは半分、ワカメは一口大
- マグロ、長芋、たくあんは10cm長で1cm角の拍子木切り
- 切ったマグロはワサビじょうゆに漬ける

作り方

1. にごま油を入れて生ワカメを炒め、油がまわったらしょうゆを加え、汁気がなくなるまで炒めて白ごまを入れる。

2. ラップの上にのりを置いて、すし飯を広げ、手前に1とマグロ、長芋、たくあん、カニ風味かまぼこ、ピーナッツをのせて巻く。

> 半分に切ったのりを使うと片手で簡単に巻けます

25

Spring Recipe 23

15分

ふきのとうとジャガイモのマヨネーズ炒め

エネルギー131kcal/塩分1.2g

ほろ苦さを生かす相性抜群の組み合わせ

材料／4人分

ふきのとう……………30〜40g
新ジャガイモ(大)…………2個
ハム………………………5枚
油…………………………大さじ1/2
マヨネーズ………………大さじ2
塩、こしょう……………適量

下準備

- ふきのとうは粗みじん切り
- ハムは千切り
- ジャガイモは千切りにして水にさらす

作り方

1. 🍳に油を入れ、よく水気を切ったジャガイモを炒める。
2. 1にマヨネーズを入れてひと混ぜしたら、ハム、ふきのとうを加えて炒め、塩、こしょうで味を調える。

ジャガイモの千切りは細いほど調理が楽!!
ふきのとうの量はおこのみで

Spring Recipe 24

Cooking Time 10分

ふきのとうチャーハン

エネルギー394kcal/塩分1.1g

苦みがアクセント 黄色い卵で緑をコーティング

材料／4人分

ふきのとう…………100g
温かいご飯…………600g
卵……………………3個
ごま油………………大さじ2
削り節………………10g
塩、こしょう、しょうゆ…適量

 下準備

● ふきのとうは1cm角

作り方

1. 🍳にごま油を入れ、ふきのとうを軽く炒めたら、割りほぐした卵を加え、ふきのとうに衣を付けるような感じで炒める。

2. **1**にご飯を入れて一混ぜしたら削り節を加え、塩、こしょう、しょうゆで味を調える。

27

Spring Dessert

イチゴのバルサミコ酢がけ

5分

クセになる大人のデザート

材料
イチゴ……………1パック
バルサミコ酢………適量

お弁当の一品にも重宝

作り方
1. イチゴは食べやすい大きさに切り、このみの量のバルサミコ酢をかける。

バルサミコ酢とイチゴの酸味が絶妙な味わい

イチゴミルクの寒天デザート

10分

懐かしのイチゴミルク味

材料
イチゴ………5〜6粒　　水……………1カップ
練乳…………大さじ1　　粉末寒天………2g
バナナ…………1本　　　砂糖……………20g
レモン汁………大さじ1
オレンジ系リキュール
　………大さじ1

寒天は常温で固まるので便利

下準備 ● バナナは1cm角

作り方
1. スプーンやマッシャーでつぶしたイチゴを練乳と混ぜ合わせる。
2. バナナをレモン汁とリキュールと混ぜ合わせる。
3. に水、粉末寒天、砂糖を入れて一煮立ちさせ火を止める。1と2を加えて器に注いで固める。

Spring Dessert

練乳をかけるとおいしい　　イチゴを飾って…

Cooking Time 15分　　Cooking Time 5分

イチゴ大福

時間がたってもやわらかい

材料
牛乳……………1カップ
片栗粉…………大さじ4
砂糖……………大さじ3
イチゴ…………5個
あんこ…………適量

牛乳を生クリームに代えると濃厚

作り方
1. 🍳に牛乳、片栗粉、砂糖を入れてよく混ぜたら火にかけ、焦がさないように泡立て器で混ぜながら、餅状にする。
2. 片栗粉（分量外）を広げた上に**1**を取り出し**5**等分する。
3. 粗熱が取れたら冷たくならないうちに、片栗粉をまぶした手に**2**をとって広げ、あんこと一緒にイチゴを包む。

イチゴのマシュマロムース

泡のような軽やかな食感

材料
イチゴ……………6～8粒
クリームチーズ……200g
レモン汁…………大さじ1
マシュマロ………100g

下準備
● クリームチーズはレンジ500Wで1分加熱
● マシュマロはレンジ500Wで1分40秒加熱

作り方
1. スプーンやマッシャーでつぶしたイチゴをクリームチーズと混ぜ合わせ、レモン汁を加える。
2. レンジ加熱して大きくふくらんだマシュマロを素早く**1**と混ぜ合わせる。
3. **2**を器に盛り分けて冷蔵庫で固まるまで冷やす。

夏野菜たっぷりドライカレー

エネルギー505kcal/塩分3.5g

家庭菜園の豊かな恵みを楽しむレシピ

Cooking Time 25分

材料／4人分

- 豚ひき肉……………300g
- にんにく………………1片
- 玉ねぎ（中）………1/2個
- ピーマン………………2個
- ナス……………………2個
- トマト（中）…………2個
- ミニトマト……………8個
- 塩、しょうゆ…各小さじ2
- カレー粉……大さじ1〜2
- 油……………………大さじ1
- ご飯…………………適量

下準備
- にんにく、玉ねぎ、ピーマンはみじん切り
- ナスは5mm角

作り方

1. に油を入れてにんにくと玉ねぎを炒め、しんなりしたら豚ひき肉を加えて炒める。
2. ひき肉に　　　火が通ったら、　　ナス、ピーマンを入れ、トマトをすり下ろしながら入れてしばらく煮込む。
3. 塩、しょうゆ、カレー粉、ミニトマトを入れて味をなじませる。
4. 器にご飯と3を盛る。

Arrange Recipe

餃子の皮のお手軽うザニア
ドライカレーとチーズの最強タッグ

作り方
ドライカレー2カップを3等分し、器にカレー、さっとゆでた餃子の皮6枚、カレー、餃子の皮6枚、カレーの順に重ね、ピザ用チーズを散らしたら、オーブントースターかオーブンでチーズが溶けるまで焼く。

ドライカレーのポテトチーズ焼き
メインディッシュにも主食にも

作り方
ジャガイモ3個を皮をむき一口大に切って、レンジ加熱。耐熱容器に広げてドライカレーをかけ、ピザ用チーズを散らしてオーブントースターでチーズが溶けるまで焼く。

Summer Recipe 1

干しぶどう、スライスアーモンドが合う

Summer Recipe 2

25分

焼き野菜のトマトカレー

エネルギー483kcal/塩分2.5g

トマトの旨みを凝縮

材料／4人分

トマト（大）	2個
ミニトマト	8個
玉ねぎ（中）	1個
にんにく	1片
薄切りベーコン	80g
小麦粉	大さじ1
固形スープの素	1個
カレー粉	大さじ1
コーン	60g
油	大さじ1
塩、こしょう	適量
好みの焼き野菜（カボチャ、ナス、ピーマン、ズッキーニなど）	適量
オリーブ油	大さじ1
塩、こしょう	適量
ご飯	適量

下準備
- 玉ねぎとにんにくはみじん切り
- ベーコンは1cm幅
- 焼き野菜は1cm厚の薄切り

作り方

1. 🍳に油を入れ、にんにくと玉ねぎを炒め、しんなりしてきたらベーコンを加える。

2. **1**に小麦粉とカレー粉を均等にまぶし、トマトをすりおろしながら入れ、固形スープの素を加えて、5分煮る。

3. 別の🍳に焼き野菜用の野菜を並べオリーブ油を回しかけ、塩、こしょうをして、ふたをして蒸し焼きにする。下面に焼き色が付いたらひっくり返し、塩、こしょうをしてさらに焼く。

4. **2**にミニトマトとコーンを入れて一煮立ちさせ、塩、こしょうで味を調える。

5. 器にご飯、**3**をのせ、**4**をかける。

Summer Recipe 3

斜め薄切りの長ねぎを散らして

Cooking Time 15分

夏野菜入りカレーつけめん

エネルギー516kcal/塩分7.5g

冷たいめんと熱々の汁がベストマッチ

材料／4人分

- 豚ひき肉……………300g
- にんにく………………1片
- 油……………………大さじ1
- ズッキーニ……………1本
- パプリカ………………1個
- ナス……………………1個
- めんつゆ（つけつゆの濃さ）
  ……………………3カップ
- カレールウ（フレークタイプ）
  ……………………大さじ6
- トマト（大）……………1個
- そうめん……………200g

下準備
- にんにくはみじん切り
- ズッキーニは縦半分に切って1cm幅
- パプリカとナスは細切り

作り方

1. 🍳に油を入れ、にんにくと豚ひき肉を炒める。
2. パプリカ、ズッキーニ、ナスを加えて炒め、めんつゆ、カレールウを入れて煮溶かす。
3. トマトをすりおろしながら入れ、一煮立ちさせる。
4. 冷たいそうめんを添える。

Summer Recipe 4

カラフル青椒肉絲 (チンジャオロースー)

エネルギー254kcal／塩分1.3g

鮮やかな夏野菜をふんだんに使って

Cooking Time 15分

材料／4人分

豚肉薄切り……………250g

a／下味
しょうゆ……………大さじ1
酒……………………大さじ1
片栗粉………………小さじ1

パプリカ………………2個
ピーマン………………4個
ナス……………………1個
長ねぎ………………1/2本
にんにく………………1片
しょうが………………1かけ

b／合わせ調味料
オイスターソース……大さじ1
酒……………………大さじ1
砂糖…………………小さじ1

水溶き片栗粉…大さじ2〜3
（水：片栗粉＝2:1）
ごま油………………大さじ1

下準備
- 豚肉は細切り
- パプリカは5mm幅
- ピーマンは1cm幅の細切り
- ナスは細切り、長ねぎは斜め薄切り
- にんにくとしょうがみじん切り

作り方

1. にごま油を入れ、弱火でにんにく、しょうが、長ねぎを炒めて香りを出す。

2. 1に**a**を付けた豚肉を入れて炒め、色が変わったらパプリカ、ピーマン、ナスを炒める。

3. **b**を加え、最後に水溶き片栗粉でとろみをつける。

Plus Recipe

ピーマンのお浸し
ゆでたピーマンは子供にも人気

作り方
ピーマン10個を細切りにして塩ゆでしたら、ごま油小さじ2としょうゆ大さじ1をかけて器に盛り、白ごまを振りかける。ポン酢しょうゆもおすすめ。

ピーマンの佃煮
ピーマンがあっという間になくなる

作り方
に種を取ったピーマン500gと薄切りしょうが1かけ分を並べ、上から合わせ調味料（酒、みりん各1/2カップ、しょうゆ1/4カップ、砂糖大さじ1〜2、七味唐辛子適量）をかけ、ふたをしてピーマンがしんなりするまで10分煮る。

とうもろこしとウインナーの炊き込みご飯

エネルギー515kcal/塩分2.0g

とうもろこしの芯には旨味がたっぷり！

Cooking Time 15分＋炊く20分

材料／4人分

- とうもろこし……………2本
- ウインナー………………8本
- 玉ねぎ(中)………………1/2個
- にんにく…………………1片
- オリーブ油………………大さじ1
- 米…………………………2合
- 水…………………………2カップ
- 固形スープの素…………2個
- バター……………………大さじ1
- しょうゆ…………………小さじ2

下準備
- とうもろこしは1本は2cm幅の輪切り、1本は実をそぎ切り
- ウインナーは1cm長
- 玉ねぎはみじん切り、にんにくは薄切り
- 米は洗ってザルにあげる

作り方

1. にオリーブ油を入れ、玉ねぎとにんにくをしんなりするまで炒めたら、米を加え、透き通るまで炒める。

2. 米が透き通ったら、水と固形スープの素を加え、とうもろこしの実とウインナーは散らし、輪切りのとうもろこしはの縁に沿って並べる。

3. バター、しょうゆの半分を中央に入れ、ふたをして沸騰したら強火で1分、弱火で20分炊く。

4. 最後に残り半分のバターとしょうゆを入れる。

Plus Recipe

すりおろしコーンスープ
生のとうもろこしで絶品の味

作り方
とうもろこし2本の皮をむき、目の粗いおろし器で実の部分をすりおろしたら鍋に入れて、牛乳1カップを加えて一煮立ちさせ、塩を少々加える。

とうもろこしのパンケーキ
甘味とシャキシャキ食感が際立つ

作り方
包丁でそぎ落としたとうもろこしの実100gと牛乳1/4カップ、小麦粉70g、卵1個、塩少々、油小さじ1を混ぜてケーキ生地を作ったら、に油を薄く敷き、直径10cmの円盤型に4個広げ、ふたをして片面2分ずつ焼き上げる。砂糖みそを塗ったり、このみの野菜をトッピングして。

Cooking Time 10分

すりおろししょうがと細ねぎを散らして

Summer Recipe 6

Cooking Time 10分

パセリを散らす

Summer Recipe 7

夏野菜の揚げ浸し

エネルギー58kcal/塩分1.4g

素揚げをたれに漬けるだけ

材料／4人分
- ナス……………4個
- パプリカ…………1個
- アスパラガス………4本
- めんつゆ（つけつゆの濃さ）
　……………1カップ
- 梅干し……………1個
- 揚げ油……………適量

下準備
- ●ナスは縦半分に切って、皮に切り込みを入れる
- ●パプリカは乱切り
- ●アスパラガスは半分に切る

作り方
1. に多めの油を入れ、ナス、パプリカ、アスパラガスを揚げる。
2. バットにめんつゆを注ぎ、梅干しと1を入れて、冷めるまで味をしみ込ませる。

冷やしてもおいしい

蒸しナスのサラダ風マリネ

エネルギー138kcal/塩分1.0g

マリネ液はドレッシングにも

材料／4人分
- ナス……………4個
- 油、酒……各大さじ1

a/マリネ液
- トマト（中）……1/2個
- 玉ねぎ（中）……1/4個
- 生ハムまたはハム
　…………50g
- 油……………大さじ2
- 酢……………大さじ1
- しょうゆ……小さじ1
- 塩、こしょう……適量

下準備
- ●ナスはへたを落とし縦半分にして1cm幅細切り
- ●トマトは粗みじん切り
- ●玉ねぎはみじん切り
- ●ハムは1cm角

作り方
1. にナスを並べ油と酒をかけてから、ふたをして蒸し焼きにする。
2. 1の粗熱がとれたら、aをかけて冷蔵庫で冷やす。

マヨネーズはおこのみで

Summer Recipe 8

Summer Recipe 9

レタスのお好み小焼き

エネルギー248kcal／塩分2.3g

シャキシャキ感がおいしい

材料／1人分

- レタス……………2枚
- 豚バラ肉…………2枚
- 油…………………少々

a／種
- 小麦粉……………30g
- 水…………………50ml
- 昆布茶……………2g
- 卵…………………1個
- 紅しょうが………適量
- 天かす……………適量

b／たれ
- ソース……………大さじ1
- トマトケチャップ…大さじ1

青のり、削り節…適量

下準備
- レタスは1cmの色紙切り
- 豚肉は半分に切る

つぶさずに ふんわりと 焼きます

作り方

1. ボウルにレタス、**a**を入れ、空気を入れるように軽く混ぜ合わせる。
2. 🍳に油を薄く入れ、豚バラ肉を並べた上に**1**を流し入れる。
3. 3分焼き、ひっくり返し3分焼く。もう一度ひっくり返して**b**を塗り、青のりと削り節をかける。

エスニック鍋

エネルギー361kcal／塩分1.6g

夏野菜たっぷり、夏バテ知らず

材料／4人分

- 豚バラ肉薄切り…300g
- にんにく…………1片
- しょうが…………1かけ
- 玉ねぎ(小)………1個
- 大根………………300g
- 油…………………大さじ1
- トマト(中)………2個
- ナス………………2個
- ししとう…………15本

a／スープ
- 水…………………3カップ
- 鶏がらスープの素・小さじ2
- 塩…………………小さじ1
- ナンプラー………大さじ1
- レモン汁…………大さじ1/2
- 黒こしょう………適量

下準備
- にんにくと玉ねぎは薄切り
- しょうがはみじん切り、大根はいちょう切り、ナスは乱切り
- トマトはくし形に切る

作り方

1. 🍳に油、肉、にんにく、しょうが、玉ねぎ、大根を入れて、肉の色が変わるまで炒める。
2. **a**を加えて一煮立ちしたらトマト、ナス、ししとうを入れて、さらに一煮立ちしたら出来上がり。

39

Summer Recipe 10

塩丸イカときゅうりの炒めもの

エネルギー67kcal/塩分1.5g

Cooking Time 5分

内陸の保存食、塩丸イカの優れものおかず

材料／4人分

塩丸イカ……………1杯
きゅうり……………2本
にんにく……………1片
長ねぎ………………1/2本
ごま油………………大さじ1
しょうゆ、酒………各小さじ2

作り方

1. にごま油を入れ、にんにくと長ねぎを弱火で炒めたら、強火にしてきゅうりを炒め、しょうゆと酒で味を付ける。

2. イカを1に入れ、全体に油がまわるように炒める。

下準備

● 塩丸イカは塩を抜く
● きゅうりは縦半分にして種を軽く取り、5cm長
● にんにくは薄切り、長ねぎは縦半分にして斜め薄切り

Plus Recipe

塩丸イカの塩抜き方法

細かく裂いて水に入れ、何回か水を取り替えながら、少し塩味が残る程度に塩を抜くとおいしい。

塩丸イカは塩イカともいい、ゆでたイカを塩漬けにした信州独特の食材のひとつ。冷蔵や冷凍保存ができなかった頃からの保存食。海のない長野県内各地で食べられてきた、信州人には馴染みの深い味です。

キャベツと塩丸イカのエスニックサラダ

数日置いてもおいしい

作り方／イカ1杯分

ボウルに一口大のキャベツ300g、乱切りのきゅうり1本、半分に切ったミニトマト4個を入れて、オリーブ油大さじ3、ナンプラー小さじ1を振りかけて馴染ませ、塩を抜いた塩丸イカ、レモン汁大さじ1と1/2、塩、こしょうを入れて混ぜ合わせる。

Summer Recipe 11

くし切りにしたレモンを添えて

10分+20分 炊く

魚介のカレーパエリア

エネルギー527kcal/塩分3.4g

お手軽なのに豪華な一品

材料／4人分（直径28cmの🍳1枚分）

米	2合
にんにく	1片
玉ねぎ（中）	1個

a/具材
アサリ（殻付き）	250g
有頭エビ	4尾
ボイルホタテ	8個
ミニトマト	4個

オリーブ油	大さじ3
水	2カップ
カレー粉	大さじ1
固形スープの素	2個
塩、こしょう	適量

下準備
- 米は洗ってザルにあげる
- アサリは砂出しする
- にんにくと玉ねぎはみじん切り

作り方

1. 🍳にオリーブ油を入れて、にんにくと玉ねぎを炒め、玉ねぎが透き通ったら米を加えて炒める。

2. 固形スープの素を水に溶かし、カレー粉、塩、こしょうを1に加えて全体を混ぜる。

3. **a**を彩りよく並べる。

4. 再び火にかけ、沸騰後1分で弱火にし、ふたをして20分炊く。

Summer Recipe 12

ポン酢しょうゆにつけながら

10分+蒸す10分

イワシと野菜の中華蒸し

エネルギー238kcal／塩分1.3g

油をかけてジュワジュワ！

材料／4人分

イワシ（3枚におろしたもの）
　……………………3尾
もやし………………1袋
小カブ………………1個
ミニトマト…………4個
細ねぎ………………適量
酒……………………大さじ2
塩、こしょう………適量

ごま油………………大さじ2
しょうゆ……………小さじ1〜2

下準備
- イワシは一口大
- 小カブは皮のままくし切り
- 細ねぎは小口切り
- ミニトマトは半分に切る

作り方

1. にもやしを敷き、塩、こしょうをした上に、イワシ、小カブ、ミニトマトを彩りよく並べる。

2. 全体に酒をかけ、細ねぎを散らし、ふたをして10分蒸す。

3. 別のにごま油を熱して**2**にかけ、しょうゆもかける。

43

Summer Recipe 13

10分

蒸しメカジキのトマトソースがけ

エネルギー419kcal/塩分2.6g

白ワインとレンジ加熱で魚の身がふっくら

メカジキはジューシーでおいしくできるレンジ加熱がおすすめ。トマトソースはいろいろな魚や肉に応用できます

材料／4人分

メカジキ……………4切
塩……………………適量
白ワイン……………大さじ4
薄口しょうゆorだししょうゆ
　　　　　　………小さじ4

a/トマトソース

オリーブ油…………120ml
にんにく……………1片
生しいたけ…………4個
ミニトマト…………12個
パセリ(乾燥パセリでも)…適量
塩、こしょう………適量
酢……………………大さじ1

下準備
● ミニトマトとしいたけは4等分
● にんにくとパセリはみじん切り

作り方

1. メカジキを耐熱皿に並べ、塩をして白ワインをかけ、ラップを軽くかけてレンジ加熱(500Wで3分、裏返して3分)

2. 🍳にオリーブ油を入れてにんにくを弱火で炒め、しいたけを加えてしんなりしたら、ミニトマトとパセリを加えて、トマトの形が少し崩れるくらいまで炒める。塩、こしょう、酢を加えて味を調える。

3. 1を皿に盛り、しょうゆと2をかける。

Summer Recipe 14

イタリアンやたらに粉チーズをふりかけるとこくが出る

煮る
5分+10分

アジソテーのイタリアンやたらソースがけ

エネルギー224kcal/塩分3.1g

夏の郷土料理がソースに大変身

こんがりとした
アジのサクサク感と
イタリアンやたらの
ソースは相性よし！

材料／4人分

アジ（開きか3枚におろしたもの）
　　　　　　　　　　　…4尾
塩、こしょう、小麦粉……各適量
オリーブ油……………大さじ1

a/やたら

ぼたんこしょう（ピーマンでも）
　　　　　　　　　　　…2個
ナス……………………1個
みょうが………………3個
みそ漬け………………100g

トマト缶………………1缶
（完熟トマト(中)2個でも）
にんにく………………1片
オリーブ油……………大さじ1
鶏がらスープの素……小さじ1

下準備

● ぼたんこしょうとナスは5mm角
● みょうがは縦半分にして斜め薄切り
● みそ漬けとにんにくはみじん切り
● アジは塩、こしょうし、小麦粉をまぶす

作り方

1. 🍳にオリーブ油を入れ、アジを両面こんがりと焼く。

2. **a**を混ぜ合わせ、やたらを作る。

3. 🍳にオリーブ油とにんにくを入れ、にんにくから香りが出たら、トマト、鶏がらスープの素を加えて10分煮て冷ます。

4. **2**を**3**に加え、アジのソテーに添える。

Cooking Time 15分

しょうゆ、酢、ラー油のたれをつけて

Summer Recipe 15

Cooking Time 10分

オリーブ油と塩をつけてどうぞ

Summer Recipe 16

セロリ餃子
エネルギー123kcal／塩分0.8g

シャキシャキ感が新食感

材料／4人分(12個)

a/種

セロリ	1/2本
豚ひき肉	80g
長ねぎ	1/4本
みりん	小さじ1
こしょう	適量

餃子の皮(市販)	12枚
水	70ml
ごま油	大さじ1

下準備
- セロリは葉も一緒にみじん切り
  塩小さじ1/2(分量外)で軽くもみ、水気を絞る
- 長ねぎは小口切り

作り方
1. ボウルに**a**を入れてよく混ぜ合わせて、餃子の皮で包む。
2. にごま油を入れ、**1**を並べて焼き、焼き色が付いたら水を入れてふたをし、水がなくなるまで焼く。

バジル餃子
エネルギー133kcal／塩分0.8g

オリーブ油と塩で食べる

材料／4人分(12個)

a/種

バジル	30g
鶏ひき肉	100g
塩、こしょう	適量
オリーブ油	大さじ1/2

餃子の皮(市販)	12枚
水	70ml
オリーブ油	大さじ1

下準備
- バジルは粗みじん切り

作り方
1. ボウルに**a**を入れてよく混ぜ合わせて、餃子の皮で包む。
2. にオリーブ油を入れ、**1**を並べて焼き、焼き色が付いたら水を入れてふたをし、水がなくなるまで焼く。

ベーコンやハム
ウインナー、コーン
ねぎみそバージョン。
桃、ネクタリンなど
スイーツピザもおいしい

Cooking Time **10分**

Summer Recipe 17

Cooking Time **10分**

Summer Recipe 18

なめ茸とトマトのピザ

エネルギー89kcal/塩分0.2g

手軽に本格ピザ食感

材料／4人分

餃子の皮…………4枚
なめ茸…………小さじ4

トマト(小)………1/2個
スライスチーズ……2枚
パセリ、バジル、ピーマンなど
…………………適量
オリーブ油……大さじ1

下準備
- トマトは薄切り
- パセリ、バジルなどは好みの大きさ

作り方

1. にオリーブ油を熱し、一度火を止めて餃子の皮を並べたら、その上になめ茸、トマト、スライスチーズをのせる。

2. ふたをして火をつけ、チーズが溶けたらふたを取り、パセリ、バジルなど好みのものを載せる。

3. しならずに簡単に持ち上げられるようになったら、焼き上がり。

レタスのカリカリシラスがけ

エネルギー99kcal/塩分1.0g

熱々のシラスでレタスがしんなり

材料／4人分

いろいろなレタス…1/2玉
玉ねぎ(中)………1/4個
みょうが…………1個
ごま油…………大さじ2
シラス干し………60g

しょうゆ……大さじ1/2
酢………………大さじ1/2
白ごま…………大さじ1

下準備
- レタスは一口大
- 玉ねぎは薄切り
- みょうがは縦半分にして薄切り

作り方

1. にごま油を入れ、シラス干しがカリカリになるように炒める。

シラスはあっという間に焦げるので気を付けて。カリカリベーコンもおすすめ

2. レタスと玉ねぎ、みょうがを器に盛り、1を油ごとかけ、しょうゆ、酢、白ごまをふりかける。

千切りの大葉を散らし、粗びき黒こしょうをふりかけて

Summer Recipe 19

和風カルボナーラ

エネルギー673kcal/塩分1.1g

Cooking Time 10分

生クリームを使わない さっぱりテイスト

材料/4人分

- ベーコン……………80g
- にんにく……………1片
- オリーブ油………大さじ2
- ナス…………………2個

- スパゲティ…………400g
- ブロッコリー………1房

a/カルボ液
- 卵……………………4個
- 粉チーズ…………大さじ8

下準備

- ベーコンは3cm幅
- にんにくは粗みじん切り
- ナスは1cm角
- ブロッコリーは小房に分ける

作り方

1. にオリーブ油を入れ、にんにくとベーコンを弱火で炒め、ナスを入れたら強火で炒める。

2. 別のに湯をわかし、塩(分量外)を入れてスパゲティをゆで、ゆで時間が残り3分になったら、ブロッコリーを入れる。

3. 湯を切ったスパゲティとブロッコリーを1に入れてさっと炒める。

4. 3をaのボウルに入れ、全体を混ぜ合わせる。

Plus Recipe

このみ流 カルボ液

生クリームや牛乳を使わない卵と粉チーズのカルボナーラはさっぱりとしたおいしさ。季節の野菜を入れたり、ショートパスタや雑穀米でサラダ風にしたり、アレンジは自由自在です。

Summer Recipe 20

10分

ザーサイの代わりにメンマでも。白菜、きのこ、豆腐、春菊とタンタンスープの鍋もおいしい

和風だしのタンタンそば

エネルギー779kcal/塩分7.8g

長ねぎとラー油をたっぷり使いたい

材料／4人分

干しそば（生そばでも）
　……………… 4人分

a/タンタンスープの具

豚ひき肉 ……………… 300g
しょうゆ、酒 ……… 各大さじ1

ごま油 ……………… 大さじ2
味付けザーサイ …… 大さじ4
めんつゆ（かけつゆの濃さ）
　……………… 5カップ
練り白ごま、すり白ごま
　……………… 各大さじ4
長ねぎ ……………… 1本
ラー油 ……………… 適量
チンゲンサイ ……… 1株

下準備

- 豚ひき肉はしょうゆと酒で下味を付ける
- ザーサイと長ねぎはみじん切り
- チンゲンサイは縦8等分して塩ゆで
- そばはゆでて水洗いする

作り方

1. 🍳にごま油を入れて**a**を炒め、ザーサイを加えて炒める。

2. **1**にめんつゆ、練りごま、すりごまを入れて一煮立ちさせ長ねぎを入れる。

3. そばを湯に入れて温めてから器に盛り、**2**をかける。

4. チンゲンサイを並べ、ラー油を回しかける。

Summer Recipe 21

好きなだけバジルを散らす

Cooking Time 10分

トマトとバジルのあっさりスパゲティ

エネルギー565kcal/塩分3.5g

生の完熟トマトならではのおいしさ

材料／4人分

トマト（中）	3個
にんにく	2片
オリーブ油	大さじ2
塩	小さじ2
こしょう	適量
粉チーズ	大さじ4
ツナ	2缶
スパゲティ	400g
バジル	適量

下準備
- トマトは粗みじん切り
- にんにくは薄切り
- スパゲティは塩(分量外)を入れてゆでる

作り方

1. 🍳にオリーブ油を入れ、にんにくを炒めたらトマトを加え、8分煮て水分を飛ばす。

2. 1に塩、こしょう、粉チーズ、ツナ、ゆで上がったスパゲティを入れ、混ぜ合わせる。

生トマトならではのぜいたくを。モッツァレラチーズを加えるとソースがとろ〜り

Summer Recipe 22

ご飯をしっかり詰めると切り口がきれい

Cooking Time
15分+8分（煮る）

トマト味のイカ飯

エネルギー436kcal／塩分4.1g

大皿に盛って、おもてなしにも

材料／4人分

スルメイカ	4杯
ご飯	500g
玉ねぎ(中)	1/2個
ピーマン	1個
油	大さじ2
トマトケチャップ	大さじ6
トマト(中)	4個
（トマト缶2缶でも）	
固形スープの素	4個
塩、こしょう	適量

下準備
- スルメイカはワタを取り出す
- 玉ねぎとピーマンはみじん切り

作り方

1. に油を入れ、玉ねぎとピーマンを炒めたら、ご飯を加えて炒め、トマトケチャップで味を付ける。

2. イカに**1**を詰め、つまようじで口をとじる。

3. 深いに**2**とイカのゲソを入れ、トマトをすりおろす。

4. 固形スープの素を入れてイカに火が通るまで8分煮る。塩、こしょうで味を調える。

Plus Recipe

イカワタのみそホイル焼き
イカワタを使って

アルミホイルにみそ小さじ1を塗り、その上にイカワタ2杯分を置いて酒小さじ1を振りかける。ホイルで包んで、オーブントースターで5分焼く。

Summer Recipe 23

パセリや粉チーズをふりかけて

Cooking Time 10分+煮る10分

鶏肉と野菜のトマト煮込み

エネルギー244kcal/塩分3.3g

ご飯はもちろんパンやパスタに合わせて

材料／4人分

- 鶏もも肉……………1枚
- 塩、こしょう…………適量
- 玉ねぎ（中）…………1個
- にんにく……………1片
- 油……………………大さじ1

- 白菜…………………1/8個
- 生しいたけ……………4個
- トマト缶………………1缶
- 水……………………1カップ
- 固形スープの素………2個
- 塩……………………小さじ1/2
- こしょう………………適量
- 砂糖…………………小さじ1/2

下準備
- 鶏肉は一口大に切って塩、こしょうする
- 玉ねぎとにんにくは薄切り
- 白菜は一口大
- しいたけは半分に切る

作り方

1. 🍳に油を入れ、鶏肉の両面がこんがりするまで焼き、取り出しておく。

2. 1の🍳に玉ねぎとにんにくを入れて、しんなりするまで炒めたら、取り出した肉と残りの材料を全部入れて、煮汁が半量になるまで煮る。

チーズをのせてオーブントースターで焼いてもおいしい

53

細ねぎか大葉を散らして

Cooking Time 10分

Summer Recipe 24

具は好きなものを…七夕を意識して具は短冊切りに

Cooking Time 10分

Summer Recipe 25

梅ペペロンチーノ

エネルギー390kcal／塩分2.0g

食欲をそそる真夏のパスタ

材料／4人分

ペンネ……… 300g
にんにく……… 2片
オリーブ油…大さじ3
赤唐辛子……… 2本

a／梅ソース

梅干し……… 3個
昆布茶……大さじ2
パスタのゆで汁
　……… 3/4カップ

カリカリの梅漬けを細かく刻んでもおいしい。昆布茶の分量は梅干しの塩加減で調節を

下準備

● にんにくは薄切り
● 赤唐辛子は種をとる
● 梅干しは種をとって包丁でたたく

作り方

1. にオリーブ油を入れ、にんにくと赤唐辛子を弱火でゆっくりと炒める。

2. ペンネは塩(分量外)を入れてゆで、湯を切る。

3. 1に2とaを加えてしっかりと絡める。

七夕そばサラダ

エネルギー390kcal／塩分4.0g

作りおきできて便利

材料／4人分

干しそば……… 200g
玉ねぎ(中)…… 1/4個
ツナ缶詰……… 1缶
コーン……… 60g

a／ドレッシング

油……… 大さじ2
レモン汁…… 大さじ2
しょうゆ…… 大さじ2

きゅうり……… 1本
かまぼこ……… 1本
ハム……… 5〜6枚
ボイルエビ……… 8尾

ぽん酢しょうゆ
　(市販)…… 大さじ4
水菜、三つ葉などの野菜
　……… 適量

下準備

● そばはゆでて水洗いする
● 玉ねぎは薄切り
● きゅうりとハムは5cm長の短冊切り
● かまぼこは2mm厚の薄切り
● 水菜、三つ葉などは2cm長

作り方

1. そば、玉ねぎ、ツナ、コーンをaであえる。

2. 器に水菜、三つ葉を敷き、1、きゅうり、かまぼこ、ハム、ボイルエビをのせ、ぽん酢しょうゆをかける。

Summer Recipe 26

Summer Recipe 27

そうめんチャンプルー

エネルギー367kcal／塩分4.9g

ナンプラーが隠し味

材料／4人分

そうめん…………200g
豚肉薄切り………200g
長ねぎ……………1本
パプリカ…………1個
ぶなしめじ………1パック
レタス……………4枚

a／調味料
オイスターソース…大さじ2
酒…………………大さじ2
ナンプラー………大さじ2
塩、こしょう……適量
ごま油……………大さじ1

下準備
- そうめんはゆでて水洗いする
- 長ねぎは縦半分にして斜め薄切り
- パプリカとレタスは一口大
- ぶなしめじは石づきを落としてほぐす

作り方

1. にごま油を入れ、豚肉、長ねぎ、パプリカ、ぶなしめじを炒める。

2. 1にそうめんを加え、ひと混ぜして**a**を加える。

3. 最後にレタスを加え、塩、こしょうで味を調える。

キムチと水菜と油揚げのスープ

エネルギー55kcal／塩分1.1g

カリカリ油揚げがポイント

材料／4人分

白菜キムチ………100g
水…………………4カップ
えのきたけ………1/2株
きざみ油揚げ……30g
水菜………………70g
鶏がらスープの素
　…………………小さじ1
みそ………………大さじ1

下準備
- えのきたけは5cm長、水菜は3cm長
- キムチは食べやすい大きさに

作り方

1. に油揚げを入れて、カリカリになるまで空焼きにして取り出す。

2. 1のに水、キムチ、えのきたけを入れて、一煮立ちさせる。

3. 鶏がらスープの素とみそを加えて味をつけ、1と水菜を加える。

55

Summer Dessert

ミントの葉や季節のフルーツを添えて

15分 / 10分

ミントのゼリー
爽やかな味わい

梅酒のゼリー
シュワシュワ感が夏らしい

材料
ミント	15g
水	400ml
粉末寒天	2g
砂糖	40g

> ミントの爽やかな香りがポイント 後味すっきり！食後のデザートにぴったり

作り方
1. 🍳に水300mlとミントを入れて、中火以下でミントの香りと色を煮出す。
2. 薄緑色が出てきたら、ミントを取り出す。
3. 火を止めて残りの水100mlを加え、粉末寒天と砂糖を入れて、沸騰させる。
4. 3をバットに流し入れて、固める。

材料
梅酒	1/2 カップ
水	1/4 カップ
砂糖	30g
粉末寒天	2g
ジンジャーエール	3/4 カップ
季節の果物	適量

作り方
1. 🍳に梅酒、水、砂糖、粉末寒天を入れてよく混ぜ、火にかけて沸騰させる。
2. バットに1を流し入れ、ジンジャーエールと季節の果物を加えて固める。

> 梅酒とジンジャーエールの組み合わせが新鮮！

Summer Dessert

メープルシロップや、かぼちゃの種をのせて

5分 / Cooking Time 15分

桃のマリネ
どんな桃でもおいしく

パンプキンプリン
夏野菜かぼちゃのおやつ

材料

桃‥‥‥‥‥‥‥2個

a/ マリネ液の網掛け
レモン汁‥‥‥‥大さじ2
メープルシロップ or ハチミツ
‥‥‥‥‥‥大さじ2
リキュール（コアントロー、ホワイトキュラソーなど）
‥‥‥‥‥大さじ2

下準備
● 桃は皮をむいて、くし切り

作り方
1. 桃を**a**に入れて、冷蔵庫で冷やす。

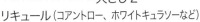
レモン汁が桃の変色を防ぎます

材料

かぼちゃ（種やワタを除く）
‥‥‥‥‥‥‥400g
牛乳‥‥‥‥‥2カップ
粉末寒天‥‥‥‥‥2g
砂糖‥‥‥‥‥大さじ3
練乳‥‥‥‥‥大さじ1

なめらかさを追求するなら、潰したかぼちゃを裏ごしするかミキサーにかける

下準備
● かぼちゃは種やワタを取り除いたら皮をむき、適当な大きさに切って、やわらかくなるまでゆでる

作り方
1. かぼちゃは湯を切り、マッシャーなどでよくつぶして（フードプロセッサーにかけても可）、砂糖と練乳を加える。

2. に牛乳と粉末寒天を入れて一度、沸騰させる。

3. **1**と**2**を合わせて器に入れ、固める（急ぐ場合は冷蔵庫へ）。

57

山の幸ちらしずし

エネルギー531kcal／塩分3.6g

Cooking Time **20分**

フライパンで煮るだけで、簡単ちらしずしの素が完成！

彩りにキヌサヤを散らす

Autumn Recipe 1

材料／4人分

すし飯‥‥‥‥‥‥2合
生しいたけ、えのきたけ、
ぶなしめじ‥‥計200g
にんじん‥‥‥‥‥50g
しょうが‥‥‥‥‥50g
きざみ油揚げ‥‥‥30g

a/ 調味料

しょうゆ、酒、みりん
　‥‥‥‥各大さじ2
酢、砂糖‥‥各大さじ1

卵‥‥‥‥‥‥‥‥4個
砂糖‥‥‥‥‥大さじ3
塩‥‥‥‥‥小さじ1/2
ごま油‥‥‥‥大さじ1
ハム‥‥‥‥‥‥‥4枚

下準備
- しいたけは薄切り
- えのきたけは1cm長
- にんじんとしょうがは千切り
- ハムはひし形に切る

作り方

1. に きのこ、にんじん、しょうが、油揚げ、**a**をすべて入れて、7分煮る。

2. すし飯に**1**を入れて混ぜ合わせる。

3. ボウルに卵と砂糖、塩を入れて混ぜ合わせてから、にごま油を熱し、卵を入れてかきまぜながら炒り卵を作る。

4. 器に**2**を盛り**3**とハムを飾る。

Plus Recipe

えのきたけと明太子のスープ

えきのたけで付け合わせを

作り方／4人分

えのきたけ1株と水5カップを鍋に入れて沸騰させたら、中火で10分。
塩と薄口しょうゆを各小さじ1、食べやすく切った明太子1腹と薄切りしたオクラ4本を入れて、ひと煮立ち。

イタリアンサンマ丼

エネルギー877kcal/塩分3.4g

サンマの蒲焼をサラダ感覚で

材料／4人分

3枚におろしたサンマ
　　　・・・・・・・・・8枚(4尾分)
小麦粉・・・・・・・・・・・・適量
オリーブ油・・・・・・大さじ1

a/ たれ

しょうゆ・・・・・・・・・大さじ4
バルサミコ酢・・・・・・大さじ2
酒・・・・・・・・・・・・・・・大さじ2
みりん・・・・・・・・・・・大さじ2
オリーブ油・・・・・・・・大さじ2
にんにくのすりおろし‥小さじ1

レタス・・・・・・・・・・・・1/2個
チーズ・・・・・・・・・・・・適量
ミニトマト・・・・・・・・・・4個

雑穀飯・・・・・・・・・・・・適量

 下準備
- サンマは一口大に切り小麦粉をまぶす
- レタスは千切り
- チーズは5mm角
- ミニトマトは4等分

作り方

1. 鍋に**a**を入れ、一煮立ちさせる。
2. 🍳にオリーブ油を入れ、サンマの両面をこんがりと焼き、**1**を大さじ1入れる。

3. 器に雑穀飯、レタス、**1**を大さじ1、チーズとトマト、**2**の順に盛る

Plus Recipe

サンマときのこのイタリアンソテー

3枚におろしたサンマの別メニュー

作り方／4人分

一口大に切ったサンマ4枚(2尾分)をオリーブ油で焼き、塩、こしょうする。このみのきのことミニトマト4個も同じようにオリーブ油で焼いて、塩、こしょうで味付け。両方を合わせて盛り付ける。

きのことエビのライスグラタン

エネルギー503kcal／塩分1.7g

簡単ホワイトソースですぐに完成！

材料／4人分

ご飯	適量
むきエビ	100g
きのこ類	200g
（えのきたけ、ぶなしめじ、エリンギなど）	
バター	20g
牛乳	2カップ
小麦粉	大さじ2
塩、こしょう	適量
ピザ用チーズ	120g

 ● きのこ類は食べやすい大きさに

作り方

1. 牛乳と小麦粉を、混ぜておく。

2. 🍳にバターを入れ、きのこ類とエビを炒めたら、**1**を濾しながら加え、混ぜ合わせる。塩、こしょうで味を調える。

3. 器にご飯を盛り、**2**をかけて、チーズを全体にのせて、オーブントースターかオーブンで、チーズが溶けてきつね色になるまで焼く。

Plus Recipe

このみ流ホワイトソース

牛乳1カップと小麦粉大さじ1が基本。牛乳と小麦粉を混ぜておき、茶こしやストレーナーで濾しながら、火にかけたままの具に加えて混ぜ合わせるだけでホワイトソースが簡単にでき上がり。
面倒だと思われがちですが、手軽にできて、だまにならないのが最大のメリットです。

Autumn Recipe 4

5分+8分（煮る）

きのこのまぜご飯

エネルギー326kcal／塩分1.8g

秋の味覚はご飯と食べよう！

俵形にする場合はのりを巻いて

材料／4人分

きのこ類・・・・・・・・・・・・500g
（なめこ、ぶなしめじ、マイタケ、えのきたけなど）

a／調味料
しょうゆ、酒、みりん・・・各50ml
酢・・・・・・・・・・・・・・・・大さじ1

ご飯・・・・・・・・・・・・・・適量

下準備

 きのこ類は粗みじん切り

作り方

1. 🍳にきのこをすべて入れ、**a**を加えて8分煮る。

鮭フレークやひたし豆などを入れた豪華なまぜご飯も試してみて

2. 炊き立てのご飯に、**1**を混ぜ合わせる。

Autumn Recipe 5

粉チーズをかけバジルを散らす

Cooking Time
3分+15分 煮る

なめ茸とトマトジュースのリゾット

エネルギー245kcal/塩分2.3g

イタリアの代表料理をお気軽に

材料／4人分

米	1と1/2カップ
水	3と1/2カップ
トマトジュース	1カップ
なめ茸	100g
オリーブ油	大さじ1
固形スープの素	1個
塩	小さじ1/2

下準備 ● 米は洗ってザルにあげる

お米の芯が残るアルデンテを楽しんで！お米の種類によって煮込む時間は加減する

作り方

1. にオリーブ油を入れ、米を加えて米が透き通るまで炒める。

2. 1に水、トマトジュース、なめ茸、固形スープの素、塩を加えて、中火以下で15分煮る。

Plus Recipe

ベーコンを使ったりチーズを加えたりバリエーションが楽しめます

トマトとバジルのリゾット

本格的な材料でも簡単!

作り方／4人分

にんにく1片と玉ねぎ1/2個をみじん切りにしてオリーブ油で炒め、水洗いした米1合を加えて透き通るまで炒める。ここに、水3カップ、トマトジュース1カップ、白ワイン1/4カップ、固形スープの素2個を入れて中火以下で15分。塩、こしょうで味を調え、バジルと粉チーズをふりかけて召し上がれ。

Autumn Recipe 6

カイワレ大根を散らします

Cooking Time 10分

きのことタラコのスパゲティ

エネルギー559kcal／塩分4.1g

しょうゆ味のきのこがたまらないアクセント

材料／4人分

スパゲティ・・・・・・・・・400g
タラコ・・・・・・・・・・・2腹

a/ 調味料

バター・・・・・・・・・・・20g
酒 or 白ワイン・・・・大さじ2
昆布茶・・・・・・・・小さじ2
塩、こしょう・・・・・・・適量

きのこ類・・・・・・・・・400g
（ぶなしめじ、生しいたけ、エリンギなど）
オリーブ油・・・・・・大さじ2
薄口しょうゆ・・・・・小さじ2

作り方

1. 大きめのボウルにタラコを入れ、**a**と混ぜておく。

2. 🍳にオリーブ油を熱し、きのこを炒めてしょうゆで味をつける。

3. **1**にゆで上がったスパゲティを入れて混ぜ合わせる。器に盛って**2**を載せる。

下準備
● スパゲティは塩を入れてゆでる
● タラコは皮を取ってほぐす

Autumn Recipe7

おこのみでパセリと粉チーズをふりかけて

Cooking Time 15分

ナスとジャガイモのナポリタン

エネルギー217kcal/塩分2.2g

懐かしい味に仕上げました

材料/4人分

ナス・・・・・・・・・・・・・・・1個
ジャガイモ（中）・・・・・・・2個
ぶなしめじ・・・・・・・・100g
ウインナー・・・・・・・・・・5本
油・・・・・・・・・・・・・大さじ2

a/ 調味料

トマトケチャップ・・・・大さじ3
しょうゆ・・・・・・・・大さじ1/2
鶏がらスープの素・・小さじ1/2

塩、こしょう・・・・・・・・・適量

下準備
- ナスは縦半分にして縦薄切り
- ジャガイモは千切りにして水にさらす
- ウインナーは斜め薄切り

作り方

1. 🍳に油を入れ、水気を切ったジャガイモを炒める。

2. 透き通ってきたら、残りの具材を炒め、**a**を加えて、塩、こしょうで味を調える。

> ジャガイモを水にしっかりとさらすと、仕上がりがシャキシャキに！

67

きのことひたし豆のブルスケッタアヒージョ風

Cooking Time 25分

エネルギー317kcal／塩分1.3g

軽食にも、おもてなし料理にもどうぞ

材料／8人分

きのこ類・・・・・・・・各1パック
（ヒラタケ、マイタケ、ぶなしめじ）
オリーブ油・・・・・・・・1カップ
にんにく・・・・・・・・・・・1片
鶏がらスープの素・・・・小さじ1
しょうゆ・・・・・・・・大さじ1/2
塩・・・・・・・・・・・・・小さじ1

ひたし豆・・・・・・・・・1カップ
パセリ・・・・・・・・・・・・適量
フランスパン・・・・・・・・1本

下準備
● きのこ類は粗みじん切り
● フランスパンは1cm厚

作り方

1. 🍳にオリーブ油、にんにくときのこ類を入れ、中火できのこがやせるまで、じっくりと炒める。

2. 鶏がらスープの素、しょうゆ、塩で味を付け、ひたし豆を加え、パセリのみじん切りを散らす。

Plus Recipe

ひたし豆の作り方

煮豆のなかで一番簡単なひたし豆

作り方

豆の重さの3〜4倍の水に一晩つけて、豆に十分水を吸わせたら、つけ汁ごと鍋に入れて火にかけ、アクを取りながら15〜20分間ゆでます。このみの硬さになるように、ゆで時間を加減してください。

Autumn Recipe 9

レモンや好きな野菜を添えて

えのきたっぷりミニハンバーグ

エネルギー214kcal／塩分2.2g

手軽にジューシーな仕上がりは、冷めても味が変わりません

Cooking Time 15分

材料／4人分（8個）

a／たね
- えのきたけ･････････1株
- 豚ひき肉･･････････200g
- 卵･･････････････1個
- コーン･････････････60g
- 片栗粉･･････････大さじ1
- 塩、こしょう･････････適量

b／ソース
- しょうゆ、酒、みりん
　･････各大さじ1と1/2
- ごま油････････････大さじ1

えのきたけと肉は同量が目安
えのきたけの代わりにレンコンやセロリ、はんぺんでもOK

 ● えのきたけは石づきを取って1cm長

作り方

1. ボウルにaを入れて混ぜ合わせ、直径4cmの円盤型に丸める。
2. 🍳にごま油を入れて、1を両面こんがりと焼いたら弱火にし、ふたをして3分焼く。
3. 肉に火が通ったらbを入れてハンバーグにからませる。

大根おろしで和風にしてもおいしいです

71

Autumn Recipe 10

青のり、削り節、桜エビをトッピング

Cooking Time 15分

えのきポテトせんべい

エネルギー122kcal/塩分0.6g

えのきのぬめりとジャガイモのでんぷんがカギ

材料／4人分(8枚)

えのきたけ………1株
ジャガイモ（中）……1個
小麦粉………大さじ2
塩、こしょう………適量
ごま油………大さじ2

下準備

- えのきたけは石づきを取って半分に切る
- ジャガイモは千切り

つなぎになるでんぷんを残すため切ったジャガイモは水にさらさないこと

作り方

1. えのきたけ、ジャガイモ、小麦粉、塩、こしょうを入れて混ぜ合わせる。

2. にごま油大さじ1を熱し、中火以下で1の半量を入れて上から押さえるようにして焼く。

3. 全体が固まったら裏返す。残りも同様に焼く。

Autumn Recipe 11

白髪ねぎを添える

Cooking Time 15分

和風しいたけバーガー

エネルギー149kcal/塩分2.0g

手をかけない、素朴なおいしさのとりこ

材料／4人分(8個)

生しいたけ ………… 8個
豚ひき肉 ………… 200g

a/ 煮汁

水 ………………… 1カップ
しょうゆ ………… 大さじ3
酒、みりん、砂糖 … 各大さじ1
しょうが ………… 1かけ

下準備

- 生しいたけは石づきを取る
- しょうがは薄切り

作り方

1. しいたけの傘裏にひき肉をそのまま載せ、別のしいたけを重ねて、つまようじで留める。

2. 🍳にaを入れて一煮立ちしたら1を入れ、紙ぶたをして7分煮る。途中で上下を返す。

> 下味とだしのない
> シンプルさが
> 素材のうまみを
> 引き出す

Arrange Recipe
肉詰めピーマンとナスの煮物

豚ひき肉と煮汁を使って
半分に切って種を取ったピーマンと、半分に切って身をくり抜いたナスに豚ひき肉を詰めて、aで煮る。

Autumn Recipe 12

10分

なめ茸ハンバーグ

エネルギー278kcal／塩分1.3g

具にも調味料にもなる！なめ茸万能宣言

材料／4人分(8個)

なめ茸・・・・・・・・・・100g
豚ひき肉・・・・・・・・400g
コーン・・・・・・・・・・・60g
片栗粉・・・・・・・・大さじ1

油・・・・・・・・・・・・大さじ1

包丁いらずで親子クッキングにぴったり！

作り方

1. ボウルに、肉、なめ茸、コーン片栗粉を入れてよく混ぜ合わせる。

2. 1を8等分して、円盤形に丸める。

3. 🍳に油と2を入れ、ふたをして両面こんがりするまで焼く。

Autumn Recipe 13

オリーブを使っておもてなし用の盛り付けも

Cooking Time 25分

なめ茸ハンバーグのおいなりさん

エネルギー350kcal/塩分2.3g

たねを詰めるだけ！意外な組み合わせの意外なおいしさ

材料／4人分(16個)

a/ たね
- なめ茸・・・・・・・・・100g
- 豚ひき肉・・・・・・・・400g
- コーン・・・・・・・・・60g
- 片栗粉・・・・・・・・大さじ1

いなり用油揚げ・・・・8枚

b/ たれ
- しょうゆ・・・大さじ1と1/2
- みりん、酒・・・・各大さじ2

下準備 ● 油揚げは半分に切って油抜きする

作り方

1. ボウルに**a**を入れ混ぜ合わせ、16等分する。

2. 油揚げの中に**1**を入れる。

3. 🍳に**2**を並べ、転がしながら焼く。少し焦げ色がついたら**b**を加えてふたをし、中火以下で、たれがなくなるまで焼く。

Autumn Recipe 14

なめ茸と鮭のクリーム煮

エネルギー374kcal／塩分1.4g

なめ茸と乳製品の相性は抜群

材料／4人分

なめ茸・・・・・・・・100g
生クリーム・・・・・1カップ
秋鮭・・・・・・・・・4切
白菜orキャベツ・・500g
酒・・・・・・・・・1/2カップ
小松菜・・・・・・・1/2束

下準備
● 白菜（キャベツ）は一口大
● 小松菜は5cm長

作り方

1. なめ茸と生クリームは混ぜ合わせておく。

2. に白菜を敷き詰めて鮭を並べ、その上から酒をふりかける。

3. 小松菜の茎の部分を◯の周りに並べ、ふたをして5分蒸し焼きにする。

4. 3に1を流し入れ、小松菜の葉も◯の周りに並べ、ふたを取ったまま5分煮る。

Autumn Recipe 15

なめ茸のマーボーナス豆腐

時間がたっても水分が出にくいのでお弁当にも

エネルギー223kcal／塩分2.7g

なめ茸の味＆とろみを利用して

材料／4人分

なめ茸・・・・・・・・200g
豆腐・・・・・・・・・1丁
豚ひき肉・・・・・・100g
にんにく・・・・・・・1片
豆板醤・・・・・・・小さじ1
甜麺醤・・・・・・・大さじ1
水・・・・・・・・・1/2カップ
ごま油・・・・・・・大さじ2
ナス・・・・・・・・・2個
長ねぎ・・・・・・・10cm
水溶き片栗粉・・・大さじ2

下準備
● 豆腐は一口大
● にんにくと長ねぎはみじん切り

作り方

1. 縦半分に切ったナスにごま油大さじ1をかけ、500Wのレンジで5分加熱し、縦に薄切にする。

2. ◯に残りのごま油とにんにくを入れて弱火で炒め、豚ひき肉を加えて色が変わったら、豆板醤と甜麺醤を入れて、艶が出るまで炒める。

3. 水となめ茸を入れて一煮立ちしたら、豆腐と1を加え、軽く混ぜ合わせる。

4. 長ねぎと水溶き片栗粉を加えて、全体にとろみをつける。

Cooking Time 15分

Autumn Recipe 16

ヘルシー中華炒め

どんな野菜でもおいしくできます ピーマンだけなら2個使って

エネルギー157kcal/塩分1.7g

油をかけて蒸し焼きに

材料／4人分

- 牛肉薄切り･･････100g
- **a/ 下味**
- しょうゆ、酒･･･各大さじ1
- にんにく･････････1片
- ナス･･････････3個
- 生しいたけ･･････3個
- ごま油･･････大さじ2
- 酒････････････大さじ1
- オイスターソース･･大さじ2
- ピーマン･･･････1個
- パプリカ･･･････1/2個
- 水溶き片栗粉････大さじ1

下準備
- 牛肉に**a**を付ける
- にんにくは薄切り、ナスは斜め薄切り
- ピーマン類は種を取って一口大
- しいたけは4等分

作り方

1. にごま油大さじ1を入れ、牛肉とにんにくを炒めいったん取り出す。
2. 同じにナス、しいたけを並べ、残りのごま油をかけたら、ふたをして蒸し焼きにする。
3. ナスがしんなりしたら、酒、オイスターソース、ピーマン、パプリカを加え、混ぜ、最後に**1**を戻して水溶き片栗粉を入れたら一混ぜする。

Cooking Time 10分

かつお節や一味をかけて…

Autumn Recipe 17

インゲンとナスの焼きびたし

家庭菜園で作りすぎたモロッコインゲンやナスのお片づけメニュー！

エネルギー261kcal/塩分1.0g

いくらでも食べられる素朴な味

材料／4人分

- サヤインゲン
  （モロッコインゲン）･･･200g
- ナス･････････2個
- きざみ油揚げ････50g
- 油･････････大さじ1

a/ 煮汁
- だし汁･････････1カップ
- 塩･･･････小さじ1/2
- しょうゆ････小さじ1
- みりん･･･････大さじ1

下準備
- インゲンは長さを2〜3等分
- ナスは縦4等分にして半分に切る

作り方

1. に油を入れ、インゲンとナスを炒め、油が回ったら油揚げを加える。
2. **a**を入れて、汁気が少し残るくらいまで煮る。

きざみ油揚げをさつま揚げに代えても美味！

Autumn Recipe 18

Cooking Time 15分

野沢菜漬けのポークソテー

エネルギー320kcal/塩分1.4g

日本三大漬物のひとつ、信州特産の野沢菜で

材料／4人分

豚肉とんかつ用……4枚
塩、こしょう、小麦粉…適量
野沢菜漬け……200g
油…………大さじ1
バター…………10g

作り方

1. 🍳に油を入れ、塩、こしょうして小麦粉をまぶした肉を焼く。両面強火で焼いたら、中火以下でふたをし、火を通してから取り出す。
2. 1の🍳で野沢菜漬けを炒め、最後にバターを加えて香りを付ける。
3. 器に1を盛り、2をかける。

 ● 豚肉は筋切りをする
● 野沢菜漬けは小口切り

肉を焼いた油で野沢菜漬けを炒めたソースのおいしさといったら！

Autumn Recipe 19

サラダ菜で巻いて、レモンを掛けて食べるとさらにおいしい

20分

肉巻きおにぎり

エネルギー319kcal/塩分1.5g

ボリューム抜群で、お弁当にもぴったり

ご飯が多いと肉とのバランスが悪くなるのでおにぎりは小さめに！盛り付けは半分に切るのが おすすめ！

材料／4人分

ご飯 ・・・・・・・・・・・・1合
野沢菜漬け ・・・・・・ 適量
豚肉薄切り ・・・・・・200g
ごま油・・・・・・・・・大さじ1

a/ 調味料

しょうゆ、酒、みりん
　・・・・・各大さじ1と1/2

下準備 ● 野沢菜漬けは小口切り

具は、ほかの漬物でも梅干しでも昆布の佃煮でも！

作り方

1. ご飯と野沢菜を混ぜ合わせ、ピンポン大の大きさに丸める。

2. **1**の周りに豚肉の薄切り肉をすき間なく巻く。

3. にごま油を入れ、**2**を転がしながら全体をこんがり焼く。

4. **a**を入れて、汁気がなくなるまで焼く。

79

Autumn Recipe 20

Cooking Time 10分

豚肉のりんごロール

エネルギー192kcal/塩分0.3g

レモン汁が味を引き締めます

材料／4人分 (8個)

豚ロース肉薄切り‥‥8枚
塩、こしょう‥‥‥‥適量
りんご‥‥‥‥‥‥‥1個
バター‥‥‥‥‥‥‥10g
白ワイン or 日本酒
　‥‥‥‥‥‥‥大さじ2

レモン汁‥‥‥‥小さじ2

下準備 ● りんごは皮のまま芯を取り、くし形に8等分

作り方

1. りんごに、塩、こしょうした豚肉を巻き付ける。
2. にバターを入れ、溶けかかったところに1を入れて、肉の表面に焼き色を付ける。
3. 白ワインを加えてふたをして、5分蒸し焼きにする。
4. 仕上げにレモン汁をふりかけて、味をなじませる。

Autumn Recipe 21

15分

りんごの肉団子

エネルギー298kcal/塩分1.1g

揚げない肉団子でヘルシーに

材料／4人分

a/ 肉団子

豚ひき肉・・・・・・・・300g
長ねぎ・・・・・・・・・1/2本
卵・・・・・・・・・・・・・1個
酒、片栗粉・・・各大さじ1
塩、こしょう・・・・・・適量

b/ 甘酢あん

りんごジュース・・1/2カップ
しょうゆ、砂糖、酢・・各大さじ1
片栗粉・・・・・・・・大さじ1

りんご・・・・・・・・・・1個
ごま油・・・・・・・・大さじ1

下準備
● 長ねぎはみじん切り
● りんごは皮のまま一口大

上品な甘さの
りんご甘酢あんが
くせになる

作り方

1. **a**をよく混ぜ合わせ、直径3cmを目安にして丸めたら、半量ずつ器に並べ、それぞれラップをして500Wで3分ずつレンジ加熱する。

2. 🍳にごま油を入れ、**1**を出た汁ごと、りんごも加えて、全体にこげ色を付けるように炒める。

3. **2**に**b**を入れて、一煮立ちする。

Autumn Dessert

シナモンパウダーをかけ、アイスを添えて…

15分

5分+20分 煮る

メープルシロップの焼きりんご

超がつくほど簡単なホットなデザート

材料
りんご ……………… 1個
メープルシロップ
　　　…… 大さじ1と1/2
レモン汁 …… 大さじ1/2
バター ……………… 10g

温かいうちにアイスクリームをからませながら食べてね

下準備
● りんごは皮のまま芯を取り、くし形に8等分

作り方
1. にりんごを重ならないように並べ、メープルシロップ、バター、レモン汁を入れる。

2. ふたをして中火以下でりんごが透き通るまで焼いたら、ふたを取り、煮汁をからめながら、煮汁がなくなるまで焼く。

フルーツトリオのワイン煮

ワインは白でも赤でも お好みで

材料
りんご ……………… 1個
梨 …………………… 1個
巨峰 ………………… 8粒
白ワイン or 赤ワイン
　　　……… 1と1/2カップ
水 ………… 1と1/2カップ
砂糖 ………… 大さじ4
レモン汁 …… 大さじ1

りんごがあまりおいしくなかった時は、煮てしまいましょう！ワインの種類で微妙に変わる味がお楽しみ

下準備
● りんごは皮のまま芯を取り、一口大
● 梨は皮をむき芯を取って一口大
● 巨峰は皮を半分むく

作り方
1. に白ワインor赤ワイン、水、砂糖を入れて一煮立ちする。

2. りんご、梨、巨峰を入れ、20分煮て、仕上げにレモン汁を加える。

3. 冷蔵庫で冷やす。

Autumn Dessert

梨のコンポート

Cooking Time 5分+煮る10分

保存して楽しめる秋の味です

材料

梨・・・・・・・・・・・・・1個

a/ 煮汁

砂糖・・・・・・・・・・・40g
レモン汁・・・・・・大さじ1
白ワイン・・・・・1/4 カップ
水・・・・・・・・・・1/2 カップ

> オーブンシートなどを紙ぶたにして全体に汁が広がるように

下準備

● 梨は皮をむき芯を取って一口大

作り方

1. にaを入れて煮立ったら、梨が透き通るまで10分煮る。

2. 粗熱が取れるまでそのままおき、冷蔵庫に入れてよく冷やす。

> 冷蔵なら1週間保存できて便利

りんごとサツマイモのワイン煮

Cooking Time 20分

シナモンやヨーグルトを添えて

材料

りんご・・・・・・・・・・・・1個
サツマイモ・・・・・・・・1本
バター・・・・・・・・・・・10g
白ワイン・・・・・1/2 カップ
水・・・・・・・・・1/2 カップ
塩・・・・・・・・・・・・・適量

> 甘みが少ないときは砂糖をおこのみで

下準備

● りんごは皮のまま芯を取って8等分し、長さを半分に
● サツマイモは皮のまま、りんごと同じ大きさに切り、しばらく水に浸す

作り方

1. にバター、りんご、サツマイモを入れて、全体にバターが回るまで炒める。塩を振り入れる。

2. **1**にワインと水を入れ、ふたをして汁気がなくなるまで蒸し煮する。

83

ローストビーフ

エネルギー229kcal/塩分2.4g

Cooking Time **20分**

目からウロコのスピードクッキング
玉ねぎソースがたまらない！

材料／4人分

牛のもも肉orロース肉
・・・・・・・・・・・・・ 500g
塩、黒こしょう・・・・・・適量

a／たれ
しょうゆ、酒、みりん
・・・・・・・・・各大さじ2

玉ねぎ・・・・・・・・・・・1個

下準備
- 牛肉は2つに分け、塩、こしょうする
- 玉ねぎは半分に切って厚めの輪切り

作り方

1. 🍳で牛肉の表面に焼き色を付けたら、取り出す。
2. 同じ🍳に玉ねぎを敷き詰め、その上に1の肉を戻して混ぜ合わせたaをかけ、ふたをして中火弱で7分。火を止めて余熱で15分置く。
3. 肉を取り出し、玉ねぎと肉汁を一煮立ちさせ、ソースを作る。
4. 肉は冷ましてから薄く切り、3を添える。

Arrange Recipe
普段着のローストビーフ

洋風牛丼

ガーリックバターライスで丼にすると一体感が出ておいしい

作り方
温かいご飯かガーリックバターライスを器に盛り、薄く切ったローストビーフを好きなだけ載せる。カイワレ大根とワサビを添えて。

ビーフサンドイッチ

作り方
バターを塗った食パンに、サラダ菜やレタスを敷いて薄切りのローストビーフをはさむ。

Winter Recipe 1

すりおろしたワサビがよく合います。おこのみでレモンをかけて

85

Winter Recipe 2

パセリのみじん切りを散らし、おこのみでサワークリームを添える

Cooking Time
10分+煮る20分

トマトのビーフシチュー

エネルギー467kcal/塩分3.0g

さっぱり味の決め手はセロリの風味

材料／4人分

牛肉カレー用(肩バラ部分)‥400g
塩、こしょう‥‥‥‥‥‥適量
小麦粉‥‥‥‥‥‥‥‥大さじ2

玉ねぎ (小)‥‥‥‥‥‥1個
にんにく‥‥‥‥‥‥‥1片
油‥‥‥‥‥‥‥‥‥‥大さじ2
セロリ‥‥‥‥‥葉も含め1本
赤ワイン‥‥‥‥‥‥‥1カップ
水‥‥‥‥‥‥‥‥‥‥4カップ

ジャガイモ (小)‥‥‥‥2個
にんじん‥‥‥‥‥‥‥1本
生しいたけorマッシュルーム‥4個
トマト (中)‥‥‥‥‥‥2個
固形スープの素‥‥‥‥3個

塩‥‥‥‥‥‥‥‥‥‥小さじ1
こしょう‥‥‥‥‥‥‥適量
バター‥‥‥‥‥‥‥‥10g

下準備
● 牛肉は塩、こしょうして小麦粉をまぶす
● 玉ねぎとにんにくはみじん切り
● ジャガイモとにんじんは2〜3cm角
● セロリは1cm長　● しいたけは縦4等分

作り方

1. 🍳に油大さじ1を入れ、牛肉にこげ色がつくまで炒め、取り出す。

2. 同じ🍳に残りの油を加え、にんにくと玉ねぎをじっくり炒める。

3. **2**に**1**、セロリの茎を加えて一混ぜし、赤ワイン、水、セロリの葉を入れて10分煮る。セロリの葉は途中で取り出す。

4. ジャガイモ、にんじん、生しいたけ、固形スープの素を入れ、トマトをすりおろしながら加え、材料がやわらかくなるまで煮る。

5. 塩、こしょうで味を調え、火を止めてからバターを加える。

Winter Recipe 3

彩り鮮やかに、ミニトマトなどを添える

20分

甘酒タンドリーチキン

エネルギー356kcal/塩分1.8g

やわらかくてジューシーなのは甘酒のお手柄

材料／4人分

鶏肉・・・・・・・・・・・・・600g
（手羽元、手羽先、手羽中、もも肉など鶏肉ならなんでも）

a/ 漬けだれ

甘酒（2倍濃縮）・・・・1/4カップ
油、トマトケチャップ
　・・・・・・・・・・・・・各大さじ1
カレー粉・・・・・・・・・小さじ2
塩・・・・・・・・・・・・・・・小さじ1
しょうゆ・・・・・・・・・大さじ1/2
にんにく・・・・・・・・・・・適量

下準備 ● にんにくはすりおろす

作り方

1. ポリ袋に鶏肉と**a**の材料を入れて混ぜ合わせ、よくもむ。

2. 🍳に、フライパン用ホイルかクッキングシートを敷いて、**1**の肉を並べ、ふたをして焼く。途中ひっくり返しながら15分焼く。

Winter Recipe 4

切ったオレンジや野菜を添えて

Cooking Time 10分

マーマレードポークソテー

エネルギー356kcal/塩分1.7g

ジャムがおいしいソースに早変わり

材料／4人分

豚肉とんかつ用・・・・・・・・4枚
塩、こしょう、小麦粉・・・・・適量
油・・・・・・・・・・・・・・大さじ1

a/マーマレードソース

マーマレードジャム・・・・大さじ4
しょうゆ・・・・・・・・・・大さじ1
酒・・・・・・・・・・・・・大さじ1
レモン汁・・・・・・・・・・大さじ1

下準備

● 豚肉は筋切りして、塩、こしょうし小麦粉をまぶす

アンズジャムもおすすめ キウイフルーツなどすりおろして使うと自然の甘さがおいしい

作り方

1. に油を入れ、盛り付けたときに上になる方を下にして、色が付くまで焼く。

2. 裏返してしばらく焼いたら、**a**を入れて、ふたをして3分焼く。

3. ふたを取って、ソースの水分を飛ばすようにてりを付ける。

Winter Recipe 5

おこのみで黒こしょうを

豚バラ肉と大根の塩麹スープ

エネルギー509kcal/塩分2.1g

シンプル素材で芳醇な味を

材料／4人分

豚バラ肉・・・・・・・・・・・400g
塩麹・・・・・・・・・・大さじ5～6

大根・・・・・・・・・・・・・・1本
水・・・・・・・・・・・・・4カップ
しょうが・・・・・・・・・・1かけ
長ねぎ・・・・青い部分も含め1本

下準備
- 豚肉は1cm幅
- 大根は1cm幅に切って面取りしながら皮をむく
- 長ねぎの白い部分は5cm長に切り、オーブントースターか魚焼きグリルで焼く

作り方

塩麹に漬けると豚肉がやわらかくなる！

1. 豚バラ肉をナイロン袋に入れ塩麹大さじ2を加えてよくもみ込み、1晩冷蔵庫に入れる。

2. 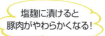に1、大根、水、しょうが、長ねぎの青い部分を入れて20分煮る。

3. 2に塩麹を大さじ2～3加え、さらに10～20分煮る。途中で焼いた長ねぎを入れる。

Winter Recipe 6

手作り鮭フレーク

エネルギー132kcal/塩分0.1g

Cooking Time 5分

ふりかけやお茶漬けだけじゃもったいない！

材料／4人分

- 塩鮭……………………2切
- 塩………………………適量
- 油………………………適量
- 酒…………………大さじ4
- マヨネーズ………大さじ1

作り方

1. 🍳を熱して油を敷き、鮭を入れて酒をふりかけ、ふたをしてしばらく置く。

2. 1を木ベラでほぐし、骨を取りながら炒める。火が通ったら火を止め、マヨネーズを混ぜ合わせる。

Arrange Recipe

手作り鮭フレークを使って

作り方／4人分　鮭のポケットサンド

きゅうり1本とミニトマト4個を小さめに切り、鮭フレーク1切分、マヨネーズ大さじ2、粒マスタード小さじ1と混ぜ合わせて具を作る。4枚切り食パン2枚をそれぞれ半分に切り、切り込みを入れてポケット状にしたら、具を詰める。サラダ菜を一緒に詰めると彩りがきれい。

作り方／4人分　鮭パスタ

ゆで上がったスパゲティ400gを鮭フレーク2切分、バター20g、ゆかり大さじ1、コーン120gと混ぜ合わせる。パセリか細ネギ、粉チーズを振りかける。

作り方／4人分　鮭と大根のサラダ

大根400gを千切り、セロリ1本を斜め薄切りにしてボウルに入れ、塩小さじ1を入れてもむ。しんなりしたら水気を絞り、別のボウルで鮭フレーク1切分と混ぜ、レモン汁とマヨネーズ各大さじ1を混ぜたドレッシングと、たっぷりの白ごまをかける。

作り方／4人分　鮭チャーハン

🍳にごま油を熱して溶き卵2個を流し入れ、半熟になったら温かいご飯600gを加えて、手早く混ぜ合わせる。塩、こしょう、香り付けのしょうゆも少々、最後に鮭フレーク2切分とみじん切りの長ねぎ1/2本を一混ぜして出来上がり。

Winter Recipe 7

パセリのみじん切りや粉チーズをかけて

野菜の粒々煮込み

エネルギー138kcal/塩分1.0g

Cooking Time 10分

ヘルシーな常備菜はアレンジ多彩

長芋がほくほくとやわらかくなれば完成

材料／4人分

長芋	200g
ナス	2個
パプリカ	1個
エリンギ	100g
トマト	2個
にんにく	1片
ひたし豆	1/2カップ
塩	小さじ1
こしょう	適量
鶏がらスープの素	小さじ1
油	大さじ1

下準備
- にんにくはみじん切り
- 野菜はすべて1cm角

作り方

1. に油を入れてにんにくを炒めたら、野菜をすべて入れ、ふたをして5分煮込む。
2. ひたし豆を加える。

フランスパンにのせてブルスケッタに！トマトパスタやスープもおすすめ

Arrange Recipe 粒々煮込みを使って

作り方／4人分　トマト味のドリア

ご飯400gに、マヨネーズとトマトケチャップ各大さじ2を混ぜ合わせた粒々煮込み4人分、スライストマト1個分、ピザ用チーズをかけて、オーブントースター(またはオーブン)でチーズが溶けるまで焼く。パセリのみじん切りはおこのみで。

作り方／4人分　具だくさんの卵焼き

溶き卵4個と粒々煮込み1人分を混ぜ合わせ、塩、こしょうで味付けしたら、厚焼き玉子に焼き上げる。

作り方／1本分　粒々春巻き

ミニサイズの春巻きの皮1枚に、半分に切ったスライスチーズ、粒々煮込み大さじ2をのせて包んだら、油を熱したで両面をこんがりと焼く。ポン酢しょうゆで食べてもおいしい。

カキのオイル漬け2種

エネルギー564kcal／塩分4.0g

旬のカキの驚くおいしさ！
漬けていたカキのオイルも使えます

ラッピングしてプレゼントにも

材料／4人分

カキ …………… 500g
小麦粉 ………… 適量

a/ 調味料

① **オイスターソース味**
オイスターソース …… 大さじ2

② **バルサミコ酢味**
バルサミコ酢 …… 大さじ2
しょうゆ ……… 大さじ2

b/ 漬けるオイル

サラダ油 ………… 適量
赤唐辛子 …… 小瓶に各1本
ローリエ …… 小瓶に2枚程
にんにく ………… 1片

小瓶 ………… 3〜4個

下準備
● カキは小麦粉をまぶしてきれいに洗い、水気をよくふき取る
● にんにくは薄切り

作り方

1.  にカキを入れて、強火で空炒りする。

2. 白いエキスが出てくるので、それがなくなるまで炒める。

3. ①②どちらかの調味料を加え、全部カキに吸収させる。

4. 清潔な瓶にカキを半分くらい入れ赤唐辛子、にんにく、ふたをするようにローリエを加えて、サラダ油を瓶のふちまで注ぐ。

冷蔵庫で1カ月ほど保存OK！

Arrange Recipe

きのことカキのおつまみ
作り方／4人分

好きなきのこ200gを食べやすい大きさにしたら、でカキのオイル大さじ2と一緒に炒め、塩、こしょうで味を調える。オイル漬けのカキと一緒に盛りつける。

カキのペペロンチーノ
作り方／4人分

カキのオイル大さじ2を使って、オイル漬けのにんにく2片（みじん切り）と赤唐辛子1本（種を取って小口切り）を弱火で炒める。にんにくから香りが出てきたら、スパゲティのゆで汁1/2カップ、みりんとしょうゆ各小さじ1を加えて混ぜ合わせておく。
ここに ゆで上がったスパゲティ400gを入れて、パセリのみじん切りと一緒にあえたら、オイル漬けのカキをトッピング。

Cooking Time 10分

お刺身なので完全に火が通らなくても大丈夫

Winter Recipe 9

ブリの照り焼き丼

エネルギー517kcal／塩分2.1g

刺身で作る激ウマどんぶり

材料／4人分

ブリの刺身………20切

a/たれ
しょうゆ………大さじ3
みりん…………大さじ3
砂糖、酒………各大さじ1

ご飯……………適量
水菜……………適量

下準備
● 水菜は2cm長

作り方
1. 🍳 にaを一煮立ちさせたら、ブリの刺身をしゃぶしゃぶをイメージしながら短時間で両面焼く。
2. ご飯の上に2cmの長さに切った水菜を敷き、その上に刺身の照り焼きをのせ、おこのみで残ったaをかける。

Plus Recipe
このみ流 甘酢あん
しょうゆ、砂糖、酢が同量、これらの合計と同量の水が基本。とろみを付けるなら、水大さじ3に対して、片栗粉小さじ1の割合で。

Cooking Time 15分

野菜はなるべく薄く小さく切ると、作りやすくなります

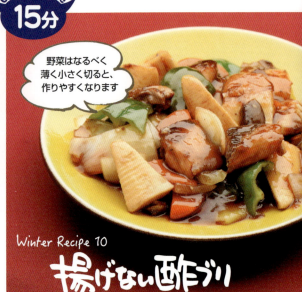

Winter Recipe 10

揚げない酢ブリ

エネルギー310kcal／塩分2.7g

酢豚のブリバージョン

材料／4人分

ブリ……………2〜3切

a/下味
しょうゆ、砂糖、酒…各大さじ1

片栗粉…………大さじ1〜2
ごま油…………大さじ1と1/2
たけのこ水煮………150g
にんじん………50g
玉ねぎ…………1/2個
ピーマン………2個

b/甘酢あん
しょうゆ、酢、砂糖…各大さじ3
水………………大さじ9
片栗粉…………大さじ1

下準備
● ブリは2cm角に切り、aを付けて10分置いて片栗粉をまぶす
● たけのこは2cmの乱切り
● にんじんは斜め薄切り
● 玉ねぎはくし形に4等分して半分に切る
● ピーマンは種を取って6〜8等分

作り方
1. 🍳 にごま油大さじ1を入れ、ブリのまわりにこげ色が付くまで焼き、取り出す。
2. 1の🍳 に残りのごま油を入れ、たけのこ、にんじん、玉ねぎを炒める。
3. bを加え、一煮立ちしたら、1とピーマンを入れてひと混ぜする。

せりのみじん切りを散らして

Cooking Time 15分

Winter Recipe 11
マダラと野菜のチーズ焼き

エネルギー288kcal/塩分1.5g

3種の素材を3層に

材料／4人分

マダラの切り身	4切
塩、こしょう、小麦粉	適量
油	大さじ2
セロリ	2本
長ねぎ	1本
にんじん	50g
バター	10g
白ワイン	1カップ
ピザ用チーズ	100g

下準備

- マダラは塩、こしょうして小麦粉をまぶす
- セロリは筋を取って斜め薄切り
- 長ねぎは縦半分にして斜め薄切り
- にんじんは千切り

作り方

1. フライパンにバターとセロリ、長ねぎ、にんじんを入れて軽く炒めたら、白ワインを加えて野菜がやわらかくなるまで蒸し煮して、取り出す。
2. フライパンに油とマダラを入れ、片面がこんがりと焼けたらひっくり返し1とチーズを載せる。
3. ふたをして、チーズが溶けたら火を止める。

細ねぎの小口切りを散らして

Cooking Time 10分+10分 蒸す

Winter Recipe 12
明太子とジャガイモのグラタン

エネルギー332kcal/塩分3.7g

相性抜群の組み合わせ

材料／4人分

ジャガイモ(中)	500g
にんじん	50g
長ねぎ	1/2本
ぶなしめじ	1袋
ブロッコリー	1/2株
バター	10g
水	1/2カップ
牛乳	1カップ
明太子	150g
ピザ用チーズ	150g
塩、こしょう	適量

明太子の量を減らした場合は塩、こしょうで味の調節を

下準備

- ジャガイモは細切り
- にんじんと長ねぎは5cm長の千切り
- ぶなしめじは大きくほぐす
- ブロッコリーは小房に分ける

作り方

1. 明太子の半量は皮をとってほぐし、水と牛乳を合わせた中に入れてソースにする。
2. フライパンにバターを入れ、ジャガイモ、にんじん、長ねぎを炒め、塩、こしょうを軽くふる。
3. 2に1を入れ、ブロッコリーとぶなしめじを載せてチーズを散らしたら、残りの明太子を1cm幅に切って置き、ふたをして10分煮る。

Winter Recipe 13

Cooking Time 10分+蒸す15分

白菜の日本酒鍋

エネルギー274kcal/塩分1.7g

シンプルな味付けで体も温まる

材料/4人分

- 白菜……………1/2個
- しょうが……………1かけ
- 長ねぎ……………1本
- 日本酒………1/2カップ
- 塩……………小さじ1
- 鶏もも肉………400g

a/下味
- 塩、こしょう………適量
- しょうゆ………大さじ1

下準備
- 白菜は縦半分にしてから の高さに合わせて長さを3～4等分
- しょうがは千切り
- 長ねぎは縦半分にして斜め薄切り
- 鶏もも肉は一口大

作り方

> 飲んでもおいしい日本酒を使うのがコツ

1. 鶏もも肉に**a**をよくもみ込む。

2. 一面に白菜を渦巻き状に並べ、しょうがを白菜の間に入れたら、塩を振り掛け、日本酒を入れる。

3. **2**の上に**1**を並べ、ふたをして15分加熱。長ねぎを最後に散らし、余熱でしんなりさせる。

Winter Recipe 14

電子レンジを使う場合は、500Wで7分加熱

蒸す 15分+20分

りんごと長芋のミートローフ

エネルギー353kcal/塩分2.0g

蒸して作ってさっぱりヘルシー

材料／4人分

a/ミートローフ

豚ひき肉	300g
塩、こしょう	適量
玉ねぎ	1/2個
ピーマン	2個
卵	1個
パン粉	1/2カップ
マヨネーズ	大さじ1
りんご	1/4個
長芋	60g
油	大さじ1

b/りんごソース

バター	10g
生しいたけ	2個
えのきたけ	1/2株
蒸した時に出た肉汁	全部
しょうゆ	大さじ1と1/2
りんごジュース	150ml

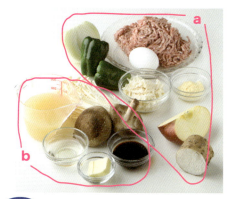

下準備
- ひき肉は塩、こしょうしてよく練る
- 玉ねぎとピーマンはみじん切り
- りんごは千切り
- 長芋は1cm角の棒状
- 生しいたけは薄切り
- えのきたけは2cm長

作り方

1. aをボウルに入れ、手でよく練り合わせたら半分に分け、広げたラップの上にのり巻のご飯のように広げる。

2. 広げた1に、のり巻きの芯になるようにリンゴと長芋を置きラップを使って丸める。両端はキャンデーのように縛る。

3. 2を皿に載せ、湯をわかした🍳に入れてふたをして20分蒸す。ラップを外して肉汁を別の器にとる。

4. 🍳に油を入れ、3の肉を焼き、全体に焦げ色をつけて取り出す。

5. 🍳にbを入れて、汁気が少し残る程度に煮詰め、食べやすい大きさに切った4にかける。

99

Winter Recipe 15

ポテトチップス、パセリ、粉チーズをトッピング

10分

コロコロ根菜みそポトフ

エネルギー184kcal／塩分2.7g

小さく切って短時間で

材料／4人分

- 大根……………300g
- にんじん…………50g
- 玉ねぎ…………1/2個
- セロリ……………1本
- 生しいたけ………3個
- ウインナー………100g
- 油………………大さじ1
- 水………………5カップ
- 固形スープの素……2個
- みそ……………大さじ2〜3
- バター……………10g

下準備
- ● 大根とにんじんは1cmのサイの目切り
- ● 玉ねぎは1cmの粗みじん切り
- ● セロリとウインナーは1cm長
- ● 生しいたけは1cm角

作り方

1. 🍳に油を入れ、具材をすべて炒める。
2. 1に水と固形スープの素を入れて6分煮る。
3. 火を止め、みそとバターを入れて溶かす。

みそとバターの相性は抜群！バターの香りがみそのうま味を引き出します

Arrange Recipe

焼いたブリのポトフ

ブリのコロコロポトフ トマト味

作り方／4人分

ブリは塩をして、水分をふきとってから一口大に切って片栗粉をまぶす。🍳に油を熱してブリをこんがりと焼いて取り出す。同じ🍳で1cm角のサイの目に切った大根300g、にんじん50g、玉ねぎ1/2個を炒め、水5カップと固形スープの素2個を入れてやわらかくなるまで煮る。サイの目切りのトマト1個ピーマン1個と焼き目を付けたブリを加え、塩、こしょうで味を調える。

Winter Recipe 16

さっとゆでたモロッコインゲンを彩りに

Cooking Time 15分+20分 煮る

里芋のクリームシチュー

エネルギー413kcal/塩分2.2g

里芋のぬめりがとろみに変身

材料／4人分

里芋	500g
鶏もも肉	1枚
玉ねぎ	1個
にんじん	1本
コーン	60g
バター	20g
油	大さじ1
小麦粉	大さじ2
水	2カップ
固形スープの素	2個
牛乳	1カップ
塩	小さじ1
こしょう	適量

下準備
- 里芋と鶏肉、にんじんは一口大
- 玉ねぎは薄切り

作り方

1. にバターと油を入れて、鶏肉と玉ねぎを炒める。玉ねぎがしんなりして、鶏肉に焦げ色が付いたら、里芋、にんじんを加えて炒め、小麦粉を振り入れて全体になじませる。

2. 水と固形スープの素を入れて、里芋が軟らかくなるまで20分煮る。

3. 牛乳、コーン、塩を入れ、こしょうを振り入れて一煮立ちさせる。

101

Winter Recipe 17

Cooking Time 20分

野菜のごった煮

エネルギー222kcal/塩分2.6g

短冊切りがポイントの煮物

全部の具材が薄いので早く煮えて味もしみる

材料／4人分

- 大根‥‥‥‥‥‥‥‥300g
- にんじん‥‥‥‥‥‥100g
- ジャガイモ‥‥‥‥‥100g
- 凍み豆腐‥‥‥‥‥‥2個
- 生しいたけ‥‥‥‥‥2個
- こんにゃく‥‥‥‥‥100g
- さつま揚げ‥‥‥‥‥1枚
- キヌサヤ‥‥‥‥‥‥適量
- ごま油‥‥‥‥‥‥‥大さじ1

a/調味料

- 酒、みりん、だし汁
  ‥‥‥‥‥‥‥各1/4カップ
- 薄口しょうゆ‥‥‥‥大さじ3

作り方

1. にごま油を入れ、キヌサヤ以外の材料をすべて入れて炒める。
2. **a**をすべて入れて、ふたをして7分煮る。
3. キヌサヤを加え、汁が全部なくなるまで煮る。

下準備

- 凍み豆腐を熱湯で戻す
- こんにゃくはさっとゆでる
- キヌサヤは斜め半分に切る
- キヌサヤ以外の材料はすべて5mm厚の短冊切り

Winter Recipe 18

粗びきの黒こしょうを使ってほしい

Cooking Tips 10分

レンコンとピーマンのさっぱり炒め

エネルギー125kcal/塩分1.4g

最後に入れる酢が決め手

材料/4人分

レンコン ……………… 300g
ピーマン ………………… 3個
薄切りベーコン ………… 40g
油 ………………… 大さじ1
塩、黒こしょう ………… 適量

酢 ………………… 大さじ1
しょうゆ ………… 大さじ1

下準備

● レンコンは5cm×1cm角に切る
● ピーマンとベーコンは1cm幅

作り方

レンコンを縦に大きめに切って歯ごたえを楽しんで

1. レンコンは酢水(分量外)にさらして、あくを取る。

2. 🍳に油を入れベーコンを炒めたら、レンコンを入れてシャキシャキ感が残る程度に炒める。

3. ピーマンを加え、塩、こしょうをし、仕上げに酢としょうゆを加える。

103

Winter Recipe 19

おこのみでパセリをちらして・・・

Cooking Time 10分+煮る20分

餅とウインナーのロールキャベツ

エネルギー407kcal/塩分2.4g

スープ感覚でお手軽に

くり抜いた芯や余ったキャベツも一緒に入れると甘味が出ます

材料/4人分

キャベツの葉	8枚
ウインナー	8本
切り餅	4個
にんじん	1本
セロリ	1本
水	4カップ
固形スープの素	3個
塩、黒こしょう	適量

下準備

- 餅は縦半分に切る
- にんじんは1cm厚の輪切り
- セロリは5cm長

作り方

1. キャベツの芯をくり抜くようなイメージで、芯の周りに包丁で切れ目を入れたら、芯を下にして数分ゆでる。ひっくり返してさらに数分ゆでる。葉を8枚きれいにはがす。

2. 1の葉でウインナーと1/2個の餅を包み、巻き終わりを爪楊枝で留める。

3. に2を並べ、にんじん、セロリ、固形スープの素、水を入れて、沸騰したら20分煮込み塩、黒こしょうで味を調える。

104

Winter Recipe 20

餅と明太子の味わいが絶妙！野菜を添えて

焼く 5分+10分

餅と長芋のデコボコピザ

エネルギー205kcal/塩分1.0g

時間がたっても、かたくならない餅料理

餅どうし、長芋どうしがくっつかないように交互に並べるのがポイント

材料/4人分

- 切り餅 ………………… 3個
- 長芋 …………………… 150g
- 片栗粉 ………………… 大さじ1
- ピザ用チーズ ………… 70g
- ピーマン ……………… 1個

a/明太子ソース
- 明太子 ………………… 1/2腹
- 牛乳 …………………… 大さじ1

下準備
- 餅は1cm角
- 長芋は5cm角にして、片栗粉をまぶす
- ピーマンは輪切り
- 明太子はほぐして牛乳と混ぜる

作り方

1. 🍳にフライパン用のアルミホイルを敷いて、餅と長芋を均等にきれいに並べる。

2. **1**の上に**a**をかけ、ピザ用チーズを全体にかけて、ピーマンを並べる。（下の写真参照）

3. 火をつけて、🍳にふたをして、弱火で10分焼く。

Winter Dessert

Cooking Time 5分
Cooking Time 15分
Cooking Time 10分
おこのみで粉糖をかけて

干し柿のスイートポテト

干し柿のチーズ巻き

干し柿のミニパイデザート

新しい名コンビの誕生

材料
干し柿‥‥‥‥‥‥‥5〜6個
サツマイモ（大）‥‥‥‥1本
砂糖‥‥‥‥‥‥‥大さじ2〜3
塩‥‥‥‥‥‥‥‥‥‥適量

 下準備
- 干し柿はへたを残し、へた下を縦半分に切る
- サツマイモは皮をむき適当な大きさに切って、形が崩れるくらいやわらかくゆでる

作り方
1. サツマイモを滑らかになるまでつぶす。砂糖と塩を加えて混ぜる。
2. 1を干し柿の大きさに合わせて卵形に丸めたら、干し柿の間に挟むように入れ、互いを密着させてラップでくるむ。

簡単！でも絶品おいしい

材料
干し柿‥‥‥‥‥‥‥‥4個
プロセスチーズ‥‥‥‥‥2個

 下準備
- 干し柿はへたを取り、縦に切り込みを入れて広げる
- チーズは縦半分に切る

作り方
1. 広げた干し柿の上にチーズを置き、くるくると丸める。
2. 半分に切る。

干し柿とチーズは相性抜群

いろいろな食感が楽しめる

材料
干し柿‥‥‥‥‥‥‥‥1個
洋酒‥‥‥‥‥‥‥‥小さじ1
（ラム酒orオレンジ系リキュールなど）
りんご‥‥‥‥‥‥‥‥1/4個
生クリーム‥‥‥‥‥1/2カップ
砂糖‥‥‥‥‥‥‥‥大さじ1
冷凍パイシート‥‥‥‥‥1枚
卵黄‥‥‥‥‥‥‥‥‥1/2個

 下準備
- 生クリームに砂糖大さじ1を入れてよく泡立てる
- 干し柿、りんごは5mm角
- 干し柿に洋酒をかけてなじませる
- パイシートは8等分

作り方
1. 生クリームに、干し柿とりんごを入れて全体を混ぜ合わせる。
2. パイシートの表面に卵黄を塗り、オーブントースターに入れてきれいな層になるまで焼く。
3. 冷めたらパイを上下半分に分け、その間に1を入れる。

Winte Dessert

ムースのような舌触り

材料

そば粉 ……… 1/2 カップ
水 ………… 1/2 カップ
粉末寒天 ……… 2g
水 ………… 1カップ
砂糖 ………… 30g
塩 ………… 適量

そば粉と水をよく混ぜてね！

寒天液に、溶いたそば粉を入れる時は火から下ろすのがポイント！

作り方

1. そば粉に水を少しずつ加えてよくまぜておく。

2. に水、粉末寒天、砂糖、塩を入れて混ぜながら一煮立ちさせたらいったん火を止める。

3. **2**に**1**を手早く加え、素早く混ぜ合わせたら、中火にかけ、混ぜながら全体に火を通す。

4. 器に入れて固める。

栄養たっぷりでヘルシー

材料

粉末寒天 ……………… 2g
水 ………………… 1カップ
砂糖 ………………… 60g
豆腐 ………………… 100g
すりごま ……………… 20g
クルミ ………………… 20g

下準備 ● クルミはオーブントースターで焼く

作り方

1. 水に粉末寒天と砂糖を入れて沸騰させたら、手で崩しながら豆腐を加えて一煮立ちさせ、火から下ろしてすりごまを加える。

2. 器に流し入れ、クルミを散らして固める。

ごまの風味が効いていて高級和風のデザートの趣き

材料索引

肉類

●豚肉
春野菜肉ジャガ　8
豚肉の酒蒸し　9
山菜の肉巻き天ぷら　10
揚げない酢豚　14
揚げない肉団子　15
信州みその回鍋肉　17
豚肉のピカタ　18
焼き豚肉のみぞれスープ　18
夏野菜たっぷりドライカレー　30
夏野菜入りカレーつけめん　33
カラフル青椒肉絲　34
レタスのお好み焼き　39
エスニック鍋　39
セロリ餃子　46
和風だしのタンタンそば　50
そうめんチャンプルー　55
えのきたっぷりミニハンバーグ　70
和風しいたけバーガー　73
なめ茸ハンバーグ　74
なめ茸ハンバーグのおいなりさん　75
なめ茸のマーボナス豆腐　76
野沢菜漬けのポークソテー　78
肉巻きおにぎり　79
豚肉のりんごロール　80
りんごの肉団子　81
マーマレードポークソテー　88
豚バラ肉と大根の塩麹スープ　89
りんごと長芋のミートローフ　99

●鶏肉
山賊焼き　12
さっぱり鶏唐　13
バジル餃子　46
鶏肉と野菜のトマト煮込み　53
甘酒タンドリーチキン　87
白菜の日本酒鍋　98
里芋のクリームシチュー　101

●牛肉
新玉ねぎのハヤシライス　24
インゲンとナスの焼きびたし　77
ローストビーフ　84
トマトのビーフシチュー　86

●ベーコン・ウインナー・ハム・コンビーフ
春ワカメのキッシュ　6
アスパラのスティック春巻き　10
ロール春キャベツ　16
コンビーフとジャガイモのチーズ焼き　19
ジャガイモとベーコンの柚子しょうゆ炒め　19
ふきのとうとジャガイモのマヨネーズ炒め　26
焼き野菜のトマトカレー　32
とうもろこしとウインナーの炊き込みご飯　36
蒸しナスのサラダ風マリネ　38
和風カルボナーラ　48
七夕そばサラダ　54
山の幸ちらしずし　58
ナスとジャガイモのナポリタン　67
コロコロ根菜みそポトフ　100
レンコンとピーマンのさっぱり炒め　103
餅とウインナーのロールキャベツ　104

魚介類

●魚
鯛ご飯　20
シラス餃子　22
ホタルイカのガーリック焼き　23
塩丸イカときゅうりの炒めもの　40
イワシと野菜の中華蒸し　43
蒸しメカジキのトマトソースがけ　44
アジソテーのイタリアンやたらソースがけ　45
レタスのカリカリシラスがけ　47
トマト味のイカ飯　52
イタリアンサンマ丼　60
なめ茸と鮭のクリーム煮　76
手作り鮭フレーク　90
ブリの照り焼き丼　96
揚げない酢ブリ　96
マダラと野菜のチーズ焼き　97

●海藻・魚卵・エビ・貝ほか
春ワカメのキッシュ　6
ワカメの恵方巻　25
魚介のカレーパエリア　42
トマトとバジルのあっさりスパゲティ　51
七夕そばサラダ　54
きのことエビのライスグラタン　62
きのことタラコのスパゲティ　66
カキのオイル漬け2種　94
明太子とジャガイモのグラタン　97
野菜のごった煮　102
餅と長芋のデコボコピザ　105

果菜

●玉ねぎ
春野菜肉ジャガ　8
揚げない酢豚　14
揚げない肉団子　15
焼き豚肉のみぞれスープ　18
コンビーフとジャガイモのチーズ焼き　19
新玉ねぎのハヤシライス　24
夏野菜たっぷりドライカレー　30
焼き野菜のトマトカレー　32
とうもろこしとウインナーの炊き込みご飯　36
蒸しナスのサラダ風マリネ　38
エスニック鍋　39
魚介のカレーパエリア　42
トマト味のイカ飯　52
鶏肉と野菜のトマト煮込み　53
七夕そばサラダ　54
ローストビーフ　84
トマトのビーフシチュー　86
揚げない酢ブリ　96
コロコロ根菜みそポトフ　100
里芋のクリームシチュー　101

●トマト
春野菜肉ジャガ　8
ロール春キャベツ　16
新玉ねぎのハヤシライス　24
夏野菜たっぷりドライカレー　30
焼き野菜のトマトカレー　32
夏野菜入りカレーつけめん　33
蒸しナスのサラダ風マリネ　38
エスニック鍋　39
魚介のカレーパエリア　42
イワシと野菜の中華蒸し　43
蒸しメカジキのトマトソースがけ　44
アジソテーのイタリアンやたらソースがけ　45
なめ茸とトマトのピザ　47
トマトとバジルのあっさりスパゲティ　51
トマト味のイカ飯　52
鶏肉と野菜のトマト煮込み　53
イタリアンサンマ丼　60
なめ茸とトマトジュースのリゾット　65
トマトのビーフシチュー　86
野菜の粒々煮込み　92

●ピーマン・パプリカ・ぼたんごしょう・ししとう
揚げない酢豚　14
揚げない肉団子　15
信州みその回鍋肉　17
夏野菜たっぷりドライカレー　30

108

夏野菜入りカレーつけめん　　　33
カラフル青椒肉絲　　34
エスニック鍋　　39
アジソテーのイタリアンやたらソースがけ　45
トマト味のイカ飯　　52
ヘルシー中華炒め　　77
インゲンとナスの焼きびたし　　77
揚げない酢ブリ　96
りんごと長芋のミートローフ　99
レンコンとピーマンのさっぱり炒め　　103
餅と長芋のデコボコピザ　　105

●ナス
夏野菜たっぷりドライカレー　　30
夏野菜入りカレーつけめん　　33
カラフル青椒肉絲　　34
夏野菜の揚げ浸し　　38
蒸しナスのサラダ風マリネ　　38
エスニック鍋　　39
アジソテーのイタリアンやたらソースがけ　45
和風カルボナーラ　　48
ナスとジャガイモのナポリタン　　67
なめ茸のマーボナス豆腐　76
ヘルシー中華炒め　　77
インゲンとナスの焼きびたし　　77

●きゅうり
塩丸イカときゅうりの炒めもの　　40
七夕そばサラダ　54

●コーン・とうもろこし
焼き野菜のトマトカレー　32
とうもろこしとウインナーの炊き込みご飯　36
七夕そばサラダ　　54
なめ茸とトマトジュースのリゾット　　65
えのきたっぷりミニハンバーグ　70
なめ茸ハンバーグ　74
なめ茸ハンバーグのおいなりさん　　75
里芋のクリームシチュー　　101

葉菜
●キャベツ
春野菜肉ジャガ　8
ロール春キャベツ　16
信州みその回鍋肉　17
シラス餃子　22
餅とウインナーのロールキャベツ　104

●レタス
レタスのお好み焼き　39

レタスのカリカリシラスがけ　　47
そうめんチャンプルー　　55
イタリアンサンマ丼　60

●ニラ
豚肉の酒蒸し　9
菜の花と豆腐の卵とじ　11
ニラせんべい　11
シラス餃子　22

●セロリ
セロリ餃子　46
マダラと野菜のチーズ焼き　97
コロコロ根菜みそポトフ　100
餅とウインナーのロールキャベツ　104
トマトのビーフシチュー　86

●もやし
豚肉の酒蒸し　9
イワシと野菜の中華蒸し　43

●アスパラガス・ブロッコリー
アスパラのスティック春巻き　10
ロール春キャベツ　16
焼き豚肉のみぞれスープ　18
夏野菜の揚げ浸し　38
和風カルボナーラ　48
明太子とジャガイモのグラタン　97

●長ねぎ
揚げない肉団子　15
カラフル青椒肉絲　34
塩丸イカときゅうりの炒めもの　40
セロリ餃子　46
和風だしのタンタンそば　50
そうめんチャンプルー　55
なめ茸のマーボナス豆腐　76
りんごの肉団子　81
豚バラ肉と大根の塩麹スープ　89
マダラと野菜のチーズ焼き　97
明太子とジャガイモのグラタン　97
白菜の日本酒鍋　98

●その他の葉物
菜の花と豆腐の卵とじ　11
ジャガイモとベーコンの柚子しょうゆ炒め　19
鶏肉と野菜のトマト煮込み　53
キムチと水菜と油揚げのスープ　55
なめ茸と鮭のクリーム煮　76
ブリの照り焼き丼　96
白菜の日本酒鍋　98

根菜
●にんじん
揚げない酢豚　14
ロール春キャベツ　16
山の幸ちらしずし　58
トマトのビーフシチュー　86
揚げない酢ブリ　96
マダラと野菜のチーズ焼き　97
明太子とジャガイモのグラタン　97
コロコロ根菜みそポトフ　100
里芋のクリームシチュー　101
野菜のごった煮　102
餅とウインナーのロールキャベツ　104

●その他の根菜（大根・レンコンほか）
豚肉の酒蒸し　9
焼き豚肉のみぞれスープ　18
エスニック鍋　39
イワシと野菜の中華蒸し　43
豚バラ肉と大根の塩麹スープ　89
コロコロ根菜みそポトフ　100
野菜のごった煮　102
レンコンとピーマンのさっぱり炒め　103

豆類
●インゲン・キヌサヤ・スナップえんどう
菜の花と豆腐の卵とじ　11
ヘルシー中華炒め　77
里芋のクリームシチュー　101
野菜のごった煮　102

●ひたし豆
きのことひたし豆のブルスケッタ　68
野菜の粒々煮込み　92

芋類
春野菜肉ジャガ　8
コンビーフとジャガイモのチーズ焼き　19
ジャガイモとベーコンの柚子しょうゆ炒め　19
ワカメの恵方巻　25
ふきのとうとジャガイモのマヨネーズ炒め　26
ナスとジャガイモのナポリタン　67
えのきポテトせんべい　72
りんごとサツマイモのワイン煮　83
トマトのビーフシチュー　86
野菜の粒々煮込み　92
明太子とジャガイモのグラタン　97

りんごと長芋のミートローフ　99
里芋のクリームシチュー　101
野菜のごった煮　102
餅と長芋のデコボコピザ　105
干し柿のスイートポテト　106

果物類

イチゴのバルサミコ酢がけ　28
イチゴミルクの寒天デザート　28
イチゴ大福　29
イチゴのマシュマロムース　29
桃のマリネ　57
りんごの肉団子　81
メープルシロップの焼きりんご　82
フルーツトリオのワイン煮　82
りんごとサツマイモのワイン煮　83
梨のコンポート　83
マーマレードポークソテー　88
りんごと長芋のミートローフ　99
干し柿のスイートポテト　106
干し柿のチーズ巻き　106
干し柿のミニパイデザート　106

山菜・ハーブ類

山菜の肉巻き天ぷら　10
揚げない肉団子　15
ふきのとうとジャガイモのマヨネーズ炒め　26
ふきのとうチャーハン　27
アジソテーのイタリアンやたらソースがけ　45
バジル餃子　46
レタスのカリカリシラスがけ　47
トマトとバジルのあっさりスパゲティ　51
ミントのゼリー　56

きのこ類

春ワカメのキッシュ　6
豚肉の酒蒸し　9
揚げない酢豚　14
新玉ねぎのハヤシライス　24
蒸しメカジキのトマトソースがけ　44
鶏肉と野菜のトマト煮込み　53
そうめんチャンプルー　55
キムチと水菜と油揚げのスープ　55
山の幸ちらしずし　58
きのことエビのライスグラタン　62
きのこのまぜご飯　64
きのことタラコのスパゲティ　66

ナスとジャガイモのナポリタン　67
きのことひたし豆のブルスケッタ　68
えのきたっぷりミニハンバーグ　70
えのきポテトせんべい　72
和風しいたけバーガー　73
インゲンとナスの焼きびたし　77
トマトのビーフシチュー　86
野菜の粒々煮込み　92
明太子とジャガイモのグラタン　97
りんごと長芋のミートローフ　99
コロコロ根菜みそポトフ　100
野菜のごった煮　102

加工品

●なめ茸
なめ茸とトマトのピザ　47
なめ茸とトマトジュースのリゾット　65
なめ茸ハンバーグ　74
なめ茸ハンバーグのおいなりさん　75
なめ茸と鮭のクリーム煮　76
なめ茸のマーボナス豆腐　76

●漬け物
ニラせんべい　11
ワカメの恵方巻　25
夏野菜の揚げ浸し　38
アジソテーのイタリアンやたらソースかけ　45
和風だしのタンタンそば　50
梅ペペロンチーノ　54
キムチと水菜と油揚げのスープ　55
野沢菜漬けのポークソテー　78
肉巻きおにぎり　79

●餃子・春巻きの皮
アスパラのスティック春巻き　10
シラス餃子　22
セロリ餃子　46
バジル餃子　46
なめ茸とトマトのピザ　47

●麹（こうじ）
甘酒タンドリーチキン　87
豚バラ肉と大根の塩麹スープ　89

主食

●米・ご飯
鯛ご飯　20
新玉ねぎのハヤシライス　24

ワカメの恵方巻　25
ふきのとうチャーハン　27
夏野菜たっぷりドライカレー　30
焼き野菜のトマトカレー　32
とうもろこしとウインナーの炊き込みご飯　36
魚介のカレーパエリア　42
トマト味のイカ飯　52
山の幸ちらしずし　58
イタリアンサンマ丼　60
きのことエビのライスグラタン　62
きのこのまぜご飯　64
なめ茸とトマトジュースのリゾット　65
肉巻きおにぎり　79
ブリの照り焼き丼　96

●餅
餅とウインナーのロールキャベツ　104
餅と長芋のデコボコピザ　105

●麺
夏野菜入りカレーつけめん　33
和風カルボナーラ　48
和風だしのタンタンそば　50
トマトとバジルのあっさりスパゲティ　51
梅ペペロンチーノ　54
七夕そばサラダ　54
そうめんチャンプルー　55
きのことタラコのスパゲティ　66

●パン他
春ワカメのキッシュ　6
ホタルイカのガーリック焼き　23
きのことひたし豆のブルスケッタ　68

あとがき

クッキングコーディネーターのわたしにとって、
仕事の醍醐味を感じるもののひとつに
料理の撮影があります。

撮影日前にどこまで準備が詰められるかはとても重要です。
食器やクロス選びに始まり、食材の買い出し、料理の下準備と
どこまでやってもきりがありません。
今回、この大変な仕事のお手伝いを柄澤千秋さんと加藤いずみさんに
お願いしました。また、この本の特徴である材料写真の準備は、
村澤由佳さんに大奮闘いただきました。
撮影当日、みなさんに支えられながら、撮影の流れを止めないように、
でも納得のいく写真にするために、
わたしは調理に邁進することができました。

山田毅さんの料理の表情をとてもよくとらえている写真に嬉しくなり、
宮原あやさんの素敵なデザインで料理が喜んでいるように感じました。
そして、わたしのレシピの中から「フライパン」「いちどで覚える」の
コンセプトを見つけ出し、素晴らしいスタッフをまとめてくれた
山崎紀子さんに心より感謝したいと思います。

今回の本づくりは「わたしって料理が好きなんだなー」と
改めて感じる機会を与えてくれました。
スタッフ全員に共通していたのは食いしん坊なこと。
撮影の合間、山のような料理を前に、
みなさんとくつろぐひと時は
至福の時間でした。

クッキングコーディネーター 浜 このみ

浜 このみ

クッキングコーディネーター。
KONOKONO キッチンスタジオ主宰。

新聞社勤務を経てフリーライターに。
料理は松本市の中央クッキングスクールで松田幸子氏に師事。
レシピ連載、料理取材、料理本の編集・コラムなどを手がけ、
「食とメディア」をコーディネートしている。
各地図書館、短期大学などで講座を担当しているほか、
テレビのレギュラー出演も多数。
著書に『今晩のおかず365日』『旬をまるごといただきます』ほか。

長野県塩尻市生まれ。現長野市在住。

● 栄養指導
上條　治子（管理栄養士）

● 料理アシスタント
柄澤　千秋　　加藤　いずみ　　村澤　由佳

● 撮影
山田　毅

● デザイン
宮原　あや

● 編集
山崎　紀子　　村澤　由佳

いちどで覚えるフライパンレシピ

2017年7月28日　初版発行
2018年7月2日　　第2刷発行

著　者　　浜　このみ

発　行　　信濃毎日新聞社
　　　　　〒380-8546　長野市南県町657
　　　　　TEL 026-236-3377 FAX026-236-3096
　　　　　https://shop.shinmai.co.jp/books/

印刷所　　株式会社シナノパブリッシングプレス

ⓒKonomi Hama 2017 Printed in Japan
ISBN978-4-7840-7309-2　C0077

定価はカバーに表示してあります。
乱丁・落丁本は送料弊社負担でお取り替えいたします。

本書のコピー、スキャン、デジタル化等の無断複製は著作権法上での例外を除き禁じられています。
本書を代行業者等の第三者に依頼してスキャンやデジタル化することは、たとえ個人や家庭内の利用でも
著作権法上認められておりません。